Joachim F. Muhs
Yachtelektrik

Joachim F. Muhs

Yacht-elektrik

Klasing & Co GmbH

Die Deutsche Bibliothek — CIP-Einheitsaufnahme

Muhs, Joachim F.:
Yachtelektrik / Joachim F. Muhs. — 3., überarb. Auflage —
Bielefeld: Klasing, 1993
  (Yacht-Bücherei; Bd. 84)
  ISBN 3-87412-108-9
NE: GT

ISBN 3-87412-108-9
3., überarbeitete Auflage

© Copyright by Klasing & Co. GmbH, Bielefeld
Fotos: Hans-Günter Kiesel
Zeichnungen: Joachim F. Muhs
Printed in Germany 1993
Druck: Kunst- und Werbedruck, Bad Oeynhausen

Inhalt

Vorwort

Um das Wesen der Elektrizität zu erkennen, bedarf es lediglich einiger weniger physikalischer Kenntnisse. So ist der Strom das Fließen von Elektronen in einem Leiter, der ihm einen Widerstand entgegensetzt. Beschleunigt werden die Elektronen durch eine Spannung. Alles was man auf einer Yacht an Elektrik findet, hat mit diesen drei Größen zu tun. Sie schließen sich zu Stromkreisen.

Angewendet werden fließende Elektronen in künstlichen Widerständen wie Glühlampen, Motoren und elektronischen Geräten. Jeder Stromkreis, der so viele Umleitungen haben kann, daß man ihn nicht mehr als solchen erkennt, besteht aus Spannungsquelle (Generator, Batterie) und Nutzwiderstand, verbunden durch Kabel (Hin- und Rückleitung). Wichtig wird an Bord noch die Strommenge, die eine Batterie speichert: Als Kapazität mißt man sie in Amperestunden. Mit diesen Auslegungen sollte es kein Problem sein, mit der eigenen Bordelektrik vertraut zu werden. Das vorliegende Buch hilft dabei.

Während die an Bord verwendeten niedrigen Spannungen (12 oder 24 Volt) bei Berührung harmlos sind, sollte man allen von Land kommenden Spannungen (220/380 V) mit Vorsicht begegnen. Sie sind nicht nur gefährlich, sie können tödlich sein. Besondere Schutzmaßnahmen sind hier nötig. Die Installation dieser Systeme überläßt man am besten dem Fachmann. An das eigentliche elektrische Bordsystem kann man sich indessen mit dem hier Gebotenen ohne weiteres heranwagen. Und wenn etwas einmal nicht auf Anhieb funktioniert oder Störungen aufgetreten sind, dann denken Sie an den Stromkreis, der dann womöglich unterbrochen ist, bewußt durch Sicherung oder Schalter, oder fehlerhaft durch Kabelbruch, Übergangswiderstand an den Anschlüssen oder gar einen Fehler im Gerät. Vielleicht ist aber auch nur keine Spannung vorhanden, weil die Batterie leer ist.

Bremen, im Sommer 1993   *Joachim F. Muhs*

Elektrische Installation

Grundlagen

Die wichtigsten Größen der Elektrik sind:

Spannung. Sie ist dann vorhanden, wenn zwischen zwei Punkten eine unterschiedliche Ladung existiert, ein Punkt innerhalb einer elektrischen Schaltung also einen Elektronenüberschuß besitzt. Es ist hier ein Potential vorhanden, dessen Differenz die Definition der Spannung ist. Ihre Größe in *Volt* ist ein Maß für die Kraft, die Elektronen aus ihrem Atomverband heraustrennt und an Punkten mit Elektronenüberschuß anhäuft. Beispiel: der Minuspol des geladenen Akkumulators.

Strom. Verbindet man zwei Punkte unterschiedlichen Potentials leitend miteinander, schließt man also den Stromkreis, dann wandern Elektronen von der negativen zur positiven Seite − so lange, bis die Potentialdifferenz ausgeglichen, die Spannung also Null ist. Diese Wanderung wird als Elektronenfluß oder Strom bezeichnet. Seine Größe in *Ampere* hängt von der Anzahl der Elektronen, der Ladungsträger ab, die durch einen Leiter −mit dazwischenliegendem Stromverbraucher (etwa einer Glühbirne) − wandern. Um einen Strom der Größe 1 Ampere zu erreichen, müssen etwa $6,28 \cdot 10^{18}$ Ladungsträger in einer Sekunde durch den Leiter fließen.

Widerstand: Er entsteht durch die Reibung von Elektronen während ihrer Wanderung und durch ihre unterschiedlich starke Bindung an den Atomkern. Jedes Material, von sogenannten Supraleitern einmal abgesehen, setzt dem Stromfluß einen Widerstand entgegen. Der Widerstand, den leitendes Material dem Strom bereitet, ist eine Folge zahlloser Zusammenstöße zwischen Leitungselektronen und den schwingenden Metallatomen, die bei Erwärmung noch heftiger schwingen. Der Widerstand wächst dann, und die Stromstärke geht zurück, sofern man die Spannung nicht ändert.

Spannung, Strom und Widerstand stehen damit in fester gegenseitiger Abhängigkeit. Diese Erkenntnis ist manifestiert im *Ohmschen Gesetz,* das besagt: Der Strom (I) ist um so größer, je größer die Spannung (U) und je kleiner der Widerstand (R) ist. Als Formel geschrieben heißt es: I = U/R.

Fast alle Probleme der Yachtelektrik lassen sich auf diese einfache Formel bringen.

Die Entwicklung der Yachtelektrik und noch mehr der -elektronik hat fast alles, was auf Großschiffen längst gang und gäbe ist, auch an Bord von Yachten möglich gemacht. Voraussetzung für den Einsatz solcher Ausrüstung ist ein Kabelnetz, das die zum Betrieb nötige Energie sicher und ausreichend zur Verfügung hält und verteilt. Eine fachmännische Installation der Kabel mit ihren Stromverteilern ist auf einem Schiff deshalb wichtig, weil klimatische Bedingungen auf See besonders den hier verwendeten Niedrig-Spannungssystemen zusetzen und eine einwandfreie Funktion verhindern.

Bordspannung

Die Größe der Bordspannung, der Kraft also, die alles Elektrische in Gang setzt, ist auf kleinen Yachten eine Frage der Batterie, die möglichst klein in Abmessungen und Gewicht und in jedem Hafen als Ersatz zu beschaffen sein soll. In der Regel hat jedoch schon der Motorhersteller die später an Bord verwendete Spannung durch Auswahl des angebauten Anlassers entschieden. Der Skipper steht vor einer Bordspannung von 12 oder 24 Volt.

Vor die Wahl gestellt, sollte er sich für die höhere Spannung entscheiden. Das hat Vorteile bei der Stromübertragung: 24 Volt bieten gegenüber 12 Volt den Vorzug des halben Stromes, der bei gleicher Leistung übertragen werden muß. Eine 12-Volt-Glühlampe von 25 Watt mit einem Stromverbrauch von ungefähr 2 Ampere benötigt, wenn sie für 24 Volt ausgelegt ist, 1 Ampere. Wegen des geringeren Verbrauchs wird die 24-Volt-Batterie auch nicht größer als eine mit Anschlußspannung von 12 Volt. Die (vermeintlich) größere Batterie mit ihrem höheren Gewicht wird allge-

Eine Schalttafel, wie die hier gezeigte, mit zweckmäßig angeordneten Schutz-schaltern, Meldeleuchten und Instrumenten, ist eine Voraussetzung für gut funk-tionierende Bordelektrik. Alle elektrischen Bordfunktionen laufen hier zusam-men: Die beiden großen Felder links verteilen den Strom; grüne Leuchten mel-den störungsfreie Funktion. Darunter sitzt das Landanschlußfeld mit dem Fehler-stromschalter. Rechts gibt es von oben nach unten zwei umschaltbare digitale Anzeigen für Spannung und Strom; darunter das Positionslaternenfeld und ganz unten eine Steckdose für die Spannungsversorgung von Leuchte, Meßgerät oder ähnlich, falls Reparaturen an der Schalttafel nötig werden.

mein als Argument gegen eine höhere Spannung angeführt. Die E-Bilanz beweist jedoch, daß das nicht stimmt: Für die Bordspannung 24 Volt braucht man zwei 12-Volt-Batterien, die nur halb so groß zu sein brauchen wie die Batterie für 12 Volt.

Die Kabel des Bordnetzes, die letztlich die Ströme übertragen müssen, können dünner ausgelegt werden. Das ist vorteilhaft beim Anschließen von Geräten, die nur kleinen Anschlußraum besitzen, wie etwa die Positionslaternen. Zum anderen eliminiert man mit der höheren Spannung einen großen Teil elektrischer Störungen an Bord. Durch Sprühwasser und salzige Seeluft hervorgerufene Korrosion an elektrischen Anschlüssen und Kontakten ergeben überall im Schiff Spannungsverluste, die um so größer sind, je mehr elektrischer Strom fließt. Der Spannungsverlust in Volt ist das Produkt aus dem Strom in Ampere und dem Übergangswiderstand in Ohm (Δ u = I · R).

Doch muß man sich an die genormten Spannungen halten: für Europa 12 und 24 Volt, für Amerika 12 und 32 Volt. Höhere übliche Spannungen sind Wechselspannungen, die auf großen Segelyachten und Motoryachten zu Hause sind. Hier ist die Größe der Landspannung des Heimathafens auch die richtige Spannung an Bord, in Europa 220 Volt der Frequenz 50 Hertz (so oft wechselt der Strom seine Richtung in der Sekunde).

Wattinventur und Batteriegröße

Jede Elektrifizierung einer Yacht beginnt mit der elektrischen Energie-Bilanz, sozusagen mit der Inventur der an Bord vorhandenen Stromverbraucher. Um die Leistung der Generatoren oder die Kapazität der Batterie festzulegen, trägt man alle elektrischen Geräte zweckmäßigerweise in eine Installationsliste ein, wie auf der nächsten Seite gezeigt. Dabei ist es relativ einfach, die Leistungen von Positionslaternen, Decksbeleuchtung und Echolot zu ermitteln. Die stehen im Prospekt beziehungsweise gibt der Hersteller an. Daraus lassen sich leicht die Ströme (in Ampere) berechnen, wenn die Leistung (in Watt) durch die Spannung (in Volt) dividiert wird.

P = Leistung in Watt,
I = Strom in Ampere,
U = Spannung in Volt,

$$\text{ergeben } I = \frac{P}{U}$$

Schwieriger ist es, die Einschaltzeiten zu bestimmen, die von Faktoren abhängen wie Fahrtgebiet und Neigung des Eigners. Dabei ist es meist noch nötig, zwischen Tag- und Nachtbetrieb zu unterscheiden. Vom Hafenbetrieb ist die E-Bilanz nur dann nicht betroffen, wenn ein genügend großer Landanschluß vorhanden ist.

Bei der Bestimmung der Einschaltzeiten muß außerdem differenziert werden zwischen lebenswichtigen und sogenannten Komfortverbrauchern. Für ein Fahrtenschiff, das auch über See geht und nicht jeden Tag einen Hafen anläuft, sollte für die lebenswichtigen Verbraucher für mindestens drei Tage benötigte Kapazität eingerechnet werden (72 h), für die Komfortverbraucher genügt es, den Energievorrat so einzurechnen, daß diese für den Schiffsbetrieb unwichtigen Verbraucher einen Tag lang versorgt werden können (24 h).

Die in der Installationsliste für die Ermittlung der Batteriekapazität eines batteriegespeisten 24-Volt-Bordnetzes einer 12-Meter-Segelyacht eingetragenen Werte geben ein Beispiel einer durchschnittlichen E-Bilanz für 48 Stunden. Die Größe, also die Kapazität einer Batterie, wird in Amperestunden gerechnet (Ah) und ergibt sich aus der Multiplikation des Stromes mit der Einschaltzeit.

K = Kapazität in Amperestunden,
I = Strom in Ampere,
t = Zeit in Stunden,
ergeben $K = I \cdot t$

Die Summe dieser Werte ist die Gesamtkapazität. Damit wäre die Kapazität der Bordbatterie bestimmt, wenn sie nicht einen sogenannten Wir-

Pos	Installationsteil, I - gruppe	P [W]	J -[A]	x h [std]	Ah	Bemerkung
	Installationsliste für die Ermittlung der Batteriekapazität			Bordspannung 24 Volt		
1	Beleuchtung Bb.	15o	6,25	x 3 =	18,75	6x25W
2	Beleuchtung Stb.	15o	6,25	x 3 =	18,75	6x25W
3	Beleuchtung Mitte	125	5,21	x 4 =	20,84	5x25W
4	Steckdosen (Ankerl. etc.)	25	1,o4	x 16 =	16,64	
5	Decksbeleuchtung	25	1,o4	x 4 =	4,16	
6	Klarsichtscheibe	5o	2,o8	x 1o =	2o,8o	
7	Speedometer und Kompaß		o,3o	x 48 =	14,4o	
8	Radar	11o	4,8o	x 1o =	48,oo	
9	Grenzwellenempfänger		1,oo	x 4 =	4,oo	
10	Echolot		o,3o	x 24 =	7,2o	
11	Elektronischer Navigator		o,5o	x 3 =	1,5o	
12	Autopilot		1,oo	x 48 =	48,oo	
13	Heizung		2,oo	x 4 =	8,oo	
14	Kühlanlage	4o	1,67	x 24 =	4o,1o	
15	Positionslaternen	85	3,54	x 16 =	56,64	
16	(Fernkompaß	4o	1,67	x 48 =	8o,16)	
17	(Druckwasserpumpe	48	2,oo	x 2 =	4,oo)	
18				x =		*Stunden bezogen auf Batterie-Kapazität für 48 h ohne Nachladung
19				x =		
20				x =		
	Anlagen - Gesamtwert Σ	Watt	Amp.		Gesamt Ah 411,94	

Berechnung der Batteriekapazität :

$$Ah = \frac{\Sigma\ Ah}{0,6} = \frac{411,94}{0,6} = 686,57\ Ah$$

Ermittelte Batteriegröße (handelsübl. Ah - Wert). 2x4x17o** Ah

** bei 12 V-Block

Eine Installationsliste gibt eine gute Übersicht der an Bord benötigten Batteriekapazität. Alle Installationsteile werden der Reihe nach aufgeführt mit ihren Leistungen, den sich daraus ergebenden Strömen und den Einschaltzeiten. Die errechneten Amperestunden addiert ergeben die benötigte Kapazität. Unter Berücksichtigung eines Faktors und der Ermittlung einer handelsüblichen Batteriegröße kommt man auf die benötigte Bordbatterie. Die hier aufgeführten Verbraucher wurden auf eine Batteriekapazität für 48 Stunden ohne Nachladung bezogen. Sie benötigen eine dementsprechend große Batteriekapazität.

Installationsliste für die Ermittlung der Batteriekapazität						Bordspannung _12_ Volt
Pos	Installationsteil, I - gruppe	P [W]	J -[A]	x h [std]	Ah	Bemerkung
1	Hornet: kombinierte Speedo-			x	=	
2	meter- und Windmeßanlage			x	=	
3				x	=	
4	Windgeschwindigkeit ⎞			x	=	
5	Windrichtung ⎟			x	=	
6	Am-Wind-Anzeige ⎬		0,5	x 72	= 36,0	
7	Meilen, Log ⎠			x	=	
8	Echolot		0,2	x 24	= 4,8	
9	Beleuchtung (5x4o mA)		0,2	x 24	= 4,8	
10				x	= 45,6	
11	Kompaßbeleuchtung (2x2W)	4	0,33	x 24	= 8,0	
12	Segelleistungscomputer		0,14	x 72	= 1o,1	
13	Koppelkursrechner und Kursanzeiger		0,07	x 72	= 5,0	
14	Beleuchtung (2x4o mA)		0,08	x 24	= 1,9	
15				x	= 25,0	
16	Positionslaternen :			x	=	
17	Zweifarbenlaterne ⎞	35	2,92	x 8	= 23,33	
18	Hecklaterne ⎠			x	=====	
19	oder :			x	=	
20	Dreifarbenlaterne	25	2,08	x 8	= 16,67	
Anlagen - Gesamtwert Σ		Watt	Amp.		Gesamt Ah 93,93	

Berechnung der Batteriekapazität :

$$Ah = \frac{\Sigma\ Ah}{0,6} = \frac{93,93}{0,6} = 156,55\ Ah$$

Ermittelte Batteriegröße (handelsübl. Ah - Wert).   160   Ah

Diese Installationsliste gibt die Verbraucher einer Yacht während eines dreitägigen Törns an. Die Verbraucher sind mit einem Einschaltfaktor egalisiert.

kungsgrad hätte, der sich aus ihrer Selbstentladung und der nur möglichen Ladungsentnahme von 80 % zu einem Wert von 0,6 ergibt. Die Gesamtkapazität muß also noch durch diesen Wert dividiert werden, wodurch man die realistische Batteriegröße erhält. Aus Batterie-Herstellerlisten ermittelt man eine handelsübliche Batterie.

Wie komplex letztlich die Bestimmung der Batteriegröße ist und welche Faktoren hineinspielen, zeigt das Beispiel auf einer Segelyacht, deren Eigner den Strombedarf für drei Wochen ermittelte. Naturgemäß basiert auch diese Wattinventur auf Annahmen, die aber, bei einem erfahrenen Schiffsführer, der Realität meist sehr nahe kommen.

Unser Schiffer plant einen Drei-Wochen-Törn, von dem er annimmt, viermal in einem Hafen zu liegen, wo ein Landanschluß zum Batterieladen zur Verfügung steht. (Punkt 1 im Beispiel zur Ermittlung des Stromhaushaltes für einen dreiwöchigen Törn.)

Er will dreimal die Nacht durchsegeln und benötigt Positionslichter (2) (siehe hierzu auch „Positionslaternen" Seite 165).

Mit dem Motor geht er sparsam um (3), weil seine Familie nicht gern motort, aber an drei Tagen schläft der Wind ein, er muß je drei Stunden lang bis zum Tagesziel motoren (4).

Der Stromverbrauch der Kühlbox (5) hängt von verschiedenen Faktoren ab. Er steigt durch höhere Umgebungstemperatur, schlechte Belüftung des Verflüssigers, schlechte Wärmeisolation, mangelhafte Abdichtung des Deckels beziehungsweise der Tür.

Folgende Werte konnten zu Grunde gelegt werden: Kühlbox mit Schwingverdichter und 35 Liter Inhalt, frei im Raum stehend in einer Umgebungstemperatur von 22° C. Der Inhalt wird auf + 5° C gekühlt. Die Kühlbox schaltet dann alle 12 Minuten für 2 Minuten ein, es fließt dabei ein Strom von 8 Ampere. Die Betriebsdauer ergibt sich zu 10 Minuten in der Stunde oder 4 Stunden täglich. Beim Motoren, der Stromerzeugung mit dem Generator also (3) und (4), kann es sich nur um durchschnittliche Ladestromwerte handeln, die eine Bordbatterie von 240 Amperestunden voraussetzen.

Eine kleinere Batterie wird (je nach Ladezustand) entsprechend weniger aufnehmen (siehe hierzu die Gegenüberstellung S. 17). Auch bei der

Beispiel zur Ermittlung des Stromhaushaltes für einen dreiwöchigen Törn							
An-schluß-wert (W)	Verbraucher	Strom (A)	tägliche Betriebs-dauer (h)	Tagesver-brauch (Ah)	Tage innerhalb 3 Wochen	Verbrauch in 3 Wochen (Ah)	Tages-Durch-schnitts-verbrauch (Ah)
35	Positionslaternen	3	8[2]	24	3	72	
8	Innenbeleuchtung	0,7	2	1,4	21	29	
	Motoranlasser	150	2 × 1 min. (0,03 h)	5	18	90	
	Instrumente u. AP-Navigator	0,5	8	4	18	72	
	Kühlbox	8	4[5]	32	21	672	
	Stromverbrauch					935	44,5

Strom-erzeuger	Strom (A)	Einzel-Betriebsdauer (h)	Tages-leistung (Ah)	an wievielen Tagen	in 3 Wochen (Ah)
Generator	18	0,5 [3]	9	18	162
Ladegerät	10	28 [1]	280	4	1120
Generator	18	3 [4]	54	3	162
Strom-erzeugung					1444 [6]

Stromerzeugung während der drei Wochen (6) geht es um den in die Batterie fließenden Strom. Aufgrund des Ladefaktors verbleiben nur 80 % in der Batterie, vorausgesetzt sie ist neu. Bei älteren und beschädigten Batterien kann der Wirkungsgrad leicht auf 50 % absinken.

Die Zahlen im Beispiel des Stromhaushalts für einen Drei-Wochen-Törn zeigen einige interessante Aspekte. Angenommen, unser Skipper hat fünf Tage lang herrliches Segelwetter und benutzt den Motor nur für die Hafenmanöver morgens und abends; angenommen, er bekäme keinen

Landanschluß im Hafen; angenommen, er segelt eine Nacht durch – sofort sähe die Strombilanz völlig anders aus.

Die installierte Batterie mit ihren 240 Amperestunden ist dann noch dringender erforderlich, so groß sie anfangs auch erschien. Man kann aber davon ausgehen, daß das Laden in der Praxis etwas anders verläuft, dann nämlich, wenn die Batterie nur ihre halbe Ladung hat. Sie ist jetzt in der Lage, dem Generator mehr Strom abzunehmen, so daß man bei achtmaligem viertelstündigem Lauf der Maschine von 60 bis 70 Amperestunden ausgehen kann. Hier wirkt sich die größere Batterie positiv aus, mit der man in kürzerer Zeit mehr Amperestunden speichern kann als mit einer kleineren. Ein Beispiel macht das deutlich:

	System 1	System 2
Lichtmaschine	35 A	35 A
Stromverbrauch	48 Ah	48 Ah
Batteriekapazität	80 Ah	240 Ah
Ladestrom	8 A	24 A
Ladezeit	6 h	2 h

Eine Batterie ist nämlich nur in der Lage, einen Strom dosiert aufzunehmen. Dabei geht man von einem Maximalstrom aus, dessen Wert in Ampere ungefähr 10 % der Batteriekapazität ausmacht (der bei Erreichen der Gasungsspannung jedoch heruntergeregelt wird). Eine 240-Amperestunden-Batterie kann somit in sehr viel kürzerer Zeit einen Stromverbrauch von 48 Amperestunden nachtanken, als eine mit einer Kapazität von 80 Amperestunden.

Ein ähnlicher Schluß läßt sich aus der Strombilanz für den Betrieb einer Kühlbox ziehen:

Eine Kapazität von mindestens 200 Amperestunden ist hier erforderlich, um sie vernünftig zu betreiben. Weiter erkennt man für den Strombedarf des Anlassers in derselben Zeit nur 20 Amperestunden. Es ist deshalb vorteilhaft, die Systeme zu trennen und eine Batterie von 50 Amperestunden zum Starten und eine von 150 Amperestunden für die übrigen Verbraucher zu fahren. Das gibt die Sicherheit, jederzeit die Maschine anwerfen zu können. Ohne diesen Aufwand an Kapazität ist es nicht ratsam, an Bord eine Kühlbox zu betreiben.

Unbedingt wichtig ist auch, ein genaues Voltmeter und Amperemeter ins Bordnetz einzubauen (siehe hierzu auch „Überwachungsinstrumente" Seite 141) und über die täglichen Batterietests ein Logbuch zu führen. Nur so ist man vor Überraschungen sicher.

Stromübertragung

Kabel übernehmen an Bord die Verteilung der elektrischen Energie von Batterie und Generator. Ihnen kommt somit eine wichtige Aufgabe zu, die oft nicht im richtigen Verhältnis steht zu den teilweise lieblos zusammengestrickten Drähten werftneuer Yachten. Die isolierten Drähte zur Stromübertragung stellen immerhin das komplizierte Versorgungs- und Nervensystem einer Yacht dar, deren unsachgemäße Installation Ursache ist für permanente Störungen in der Bordelektrik.

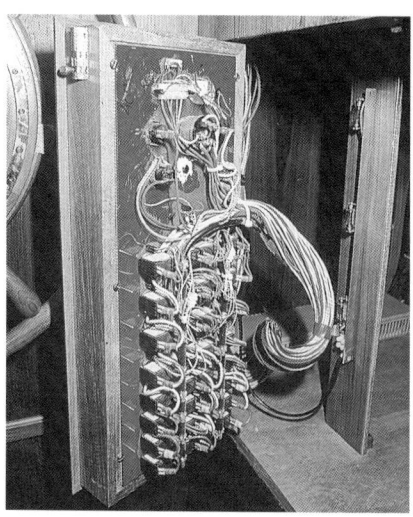

Elektrische Kabel sind das Nervensystem einer Yacht. Es sollen nur Kabel mit mehrdrähtigen Kupferleitern verwendet werden, um eine nötige Flexibilität sicherzustellen. Das Foto zeigt eine Verteilertafel von hinten: Der Kabelbaum führt auf die Instrumente in der Tür. Die Adern sind mit Quetsch-Steckverbindern versehen.

Gerade die niedrigen Bordspannungen von 12 und 24 Volt mit den meist knappen Amperestunden eines Batteriesystems machen das Kabel zu einem wichtigen Bauteil der Yachtelektrik.

Es versteht sich daher von selbst, daß Klingeldraht an Bord nichts zu suchen hat. Yachttaugliche Kabel müssen öl-, benzin-, säure-, laugen- und seewasserbeständig sein. Als Voraussetzung für eine nötige Flexibilität sollen nur Kabel mit mehrdrähtigen Kupferleitern eingezogen werden. Sie müssen widerstandsfähig gegen Schlag und Druck und hitzebeständig – kurz, allen an Bord vorkommenden Unbilden gewachsen sein. Geeignete Kabel für Yachten sind die nach VDE 0281 und 0282 harmonisierten Kunststoff- beziehungsweise Gummileitungen. Für seegehende Yachten verwendet man vorzugsweise Marinekabel. Diese Kabel sind auch für Boote zugelassen, die in die Zuständigkeit der Seeberufsgenossenschaft (SeeBG) fallen, also Yachten mit bezahlter Crew.

Das Kabelsystem

Der Einbau der Kabel erfolgt an Bord von Kunststoffyachten vorzugsweise in einlaminierten Kabelkanälen oder nachträglich eingezogenen PVC-Rohren. Auch hohle Längsstringer kann man zur Kabelverlegung benutzen. Zu überlegen ist in diesen Fällen, ob man Kabel verwendet, beispielsweise HO7RN-F, oder, wie in der Auto-Elektrik, einadrigen Leitungen (HO7V-K) den Vorzug gibt. Für Yachten bis zu zirka 10 Meter Länge bietet sich letztere Lösung an, wenn man für die Rückleitung (Minus) verschiedener Stromkreise eine gemeinsame, dementsprechend dickere Leitung verwenden will. Auf größeren und auf Holz- und Metallbooten werden Kabel auf Kabelbahnen eingebaut und mit Schellen oder Spannbändern in ungefähr 20 bis 30 Zentimetern Abstand befestigt, so daß sie durch die Bewegungen des Schiffes nicht verschoben und durch Scheuern nicht beschädigt werden können.

Jede an Bord vorhandene Verdrahtung sollte zweipolig ausgeführt werden. Die Benutzung des Metallrumpfes als Rückleiter bringt undefinierte Übergangswiderstände und fördert eine Korrosion an Rumpf und Propel-

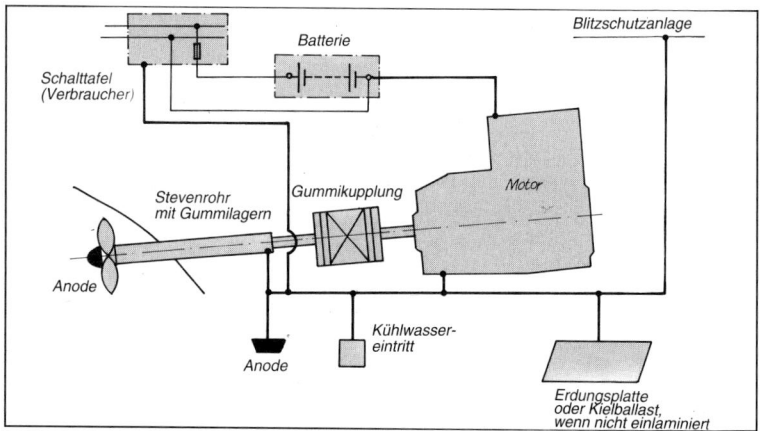

Neben einer zweipoligen Verlegung ist oft auch eine ausreichende Erdung nötig, sowie die elektrische Verbindung von korrosiv gefährdeten Teilen mit einer Schutzanode. Die Zeichnung zeigt das Prinzip einer Kombination von Blitzschutz-, Korrosionsschutz-Anlage und zweipoliger Kabelverlegung.

ler durch das Bordnetz. GFK-Rümpfe sind von solcher Körperrückleitung betroffen, wenn es um die Motorelektrik geht, die der Hersteller oft einpolig ausführt.

Gelegentlich treten auch hier Korrosionsschäden an Propeller und Wellenbock auf. Meist schützt dagegen eine Isolierung des Propellers vom Motor durch eine isolierende Kupplung.

Die Schalttafel ist Angelpunkt aller kommenden und wegführenden Kabel. Sie sollen, wenn eine weitere Verzweigung nötig wird, in Abzweigdosen genügender Größe enden. Eine übersichtlich verdrahtete Verteilerdose verhindert Störungen durch schlechte Klemmenverbindung und trägt ebenfalls zur schnellen Fehlerfindung bei.

Allgemein ist die beste Kabelverbindung an Bord die Klemme. Anreihklemmen mit korrosionsfreien Schrauben haben sich bewährt. Lötverbindungen an Kabeln sind unbedingt zu vermeiden, da sie abbrechen. Bei

Gleichströme erzeugen Magnetfelder. Kabel dürfen deswegen nur in einem Abstand von mindestens 0,5 Meter am Magnetkompaß vorbeigeführt werden, um Ablenkungen zu vermeiden. Aber auch der Einbau von Instrumenten in Kompaßnähe muß vorsichtig vorgenommen werden: Die Permanentmagneten von Drehspulinstrumenten lenken den Kompaß ebenfalls ab. Auch der Hebel der Motorsteuerung und seine Drahtzüge sollten aus amagnetischem Material sein.

Verwendung von Kabelschuhen sollten nur Quetschverbinder benutzt werden. Yachtausrüster sind inzwischen auch darauf eingerichtet.

Gleichströme erzeugen Magnetfelder, die den Magnetkompaß zu Mißweisungen veranlassen. Diese Fehler seiner Anzeige sind nicht zu kompensieren, da sie abhängig sind von der Stärke des fließenden Stromes (etwa elektrische Schotwinde unter Last oder im Leerlauf), und natürlich davon, ob überhaupt eingeschaltet ist oder nicht. In jedem Fall müssen Kabel in gebührendem Abstand von Kompassen, von denen Fluxgate-Systeme nicht ausgenommen sind, verlegt werden. Für ein Kabel, das 10 Ampere trägt, sollte man einen Abstand von 0,8 Metern einkalkulieren. Für elektrische Zuleitungen an Magnet-Systemen, wie zur Kompaßbeleuchtung, sind die Adern, die Zu- und Rückstrom führen, zu verdrillen.

Harmonisierte kunststoffisolierte Leitungen		Verwendung					
Typenkurzzeichen DIN 57281/ VDE 0281	Bezeichnung	12 V; 24 V	220 V	380 V	Unter Deck	Über Deck Landanschluß	✳
H05VV-F	Mittlere PVC-Schlauchleitung	✕	✕	✕	✕		1)
H05V-K	dto. mit feindrähtigem Leiter	✕	✕	✕	✕		2)
H07V-R	dto. mit mehrdrähtigem Leiter	✕			✕		3)
H07V-K	dto. mit feindrähtigem Leiter	✕	✕	✕	✕		4)

Harmonisierte gummiisolierte Leitungen		Verwendung					
Typenkurzzeichen DIN 57282/ VDE 0282	Bezeichnung	12 V; 24 V	220 V	380 V	Unter Deck	Über Deck Landanschluß	✳
H05SJ-K	Wärmebeständige Silikon-Gummiaderleitung	✕			✕		5)
H03RT-F	Gummiaderschnüre	✕			✕		6)
H05RR-F	Leichte Gummi-schlauchleitung	✕			✕		7)
H05RN-F	Leichte Gummi-schlauchleitung mit Polychloroprenmantel	✕	✕		✕	✕	8)
H07RN-F	Schwere Gummi-schlauchleitung	✕	✕	✕	✕	✕	9)

1), 2), 6), 7): Anschlußleitungen für ortsveränderliche Leuchten und Geräte unter Deck
3): Innerhalb von Geräten, Verteilern, nicht empfehlenswert
4): Verdrahtung in Schalttafeln, Verdrahtungen im Bordnetz, wenn Leitungen in Rohren oder Kabelkanälen verlaufen
8): Bedingt verwendbar für Landanschluß max. 250 V
9): Vorzugsweise für Landanschlußleitungen, gem. VDE 0100 zwingend vorgeschrieben

Kabelquerschnitte

Damit Kabel und Leitungen sich (durch den Stromfluß) nicht unzulässig erwärmen, müssen ihre Querschnitte den Stromstärken der Verbraucher angepaßt und entsprechend abgesichert werden. In der Schalttafel übernehmen Sicherungsautomaten diese Aufgabe. Die zulässigen Belastungen für die verschiedenen Kabelquerschnitte und die Nennstromstärken ihrer höchstzulässigen Absicherung entnimmt man am besten Tabellen, die der Germanische Lloyd (GL) erarbeitet hat. Diese Werte basieren auf einer Umgebungstemperatur von 45° C und liegen deshalb niedriger als in der Hausinstallation, wo von einer Umgebungstemperatur von 25° C ausgegangen wird. Als zulässige Leitertemperatur wurde dazu 60° C festgelegt, was wichtig ist, da metallische Leiter einen positiven Temperaturkoeffizienten besitzen:

$$\alpha = + 0{,}392 \cdot 10^{-2} \frac{1}{°C} \text{ bzw. } 1/°C.$$

Sein Widerstandswert nimmt damit je Grad um zirka 0,4 Prozent zu. Der GL gibt dafür Korrekturfaktoren bei abweichenden Umgebungstemperaturen an.

Höchstzulässige Leitertemperatur	Raumtemperatur				
°C	40	45	50	60	70
60	1,15	1	0,81	–	–
75	1,52	1,41	1,29	1	–
85	1,73	1,63	1,52	1,29	1

Der Widerstand einer Leitung beschäftigt den Yacht-Elektriker noch weiter. Leitungen setzen dem Strom einen Widerstand entgegen. Er ist abhängig von der Länge des Leiters, seinem Querschnitt und vom verwendeten Material. Ohne Berücksichtigung des Temperaturkoeffizienten ergibt sich damit der elektrische Widerstand aus:

$$R = \frac{l}{A \cdot \sigma}$$

R = Widerstand in Ohm
l = Leiterlänge in Metern
A = Querschnitt in Quadratmillimetern

$$\sigma = \text{Leitwert in} \frac{m}{\Omega \cdot mm^2}$$

Es ist somit ein Reibungswiderstand, der einen Teil der Energie, die er transportieren soll, unterwegs in Wärme umwandelt, wenn nicht der Querschnitt genügend groß gewählt wird. Kriterium ist dabei der Spannungsverlust oder Spannungsabfall, der Teil der Spannung also, der bei bestimmtem Strom und Widerstand an der Leitung „abfällt". Er wird bestimmt aus:

$$\Delta u = I \cdot R$$

Δu = Spannungsabfall in Volt
I   = Strom in Ampere
R   = Widerstand in Ohm

Eine Spannungsdifferenz also, die am Verbraucher fehlt, so daß hier beispielsweise nur noch 10 Volt anstatt 12 Volt zur Verfügung stehen.
Der Spannungsabfall, der Spannungsverlust zwischen der Stromquelle und dem Verbraucher also, ist für Bord-Kleinspannungen festgelegt, um eine einwandfreie Funktion von wichtigen Geräten zu gewährleisten. Er soll folgende Werte nicht überschreiten:

2 % in Positionslaternen (in der Regel auch 5 %)
        und Ladeleitungen
4 % in Anlasserleitungen und
7 % für sonstige Verbraucher

Dieser einzuhaltende Spannungsverlust wird mit kleiner werdender Bordspannung immer wichtiger. Eine Spannungsminderung von 2 Volt ergibt im 32-Volt-Netz immerhin ein Manko von 6,25 %, in einem 6-Volt-System aber bereits 33,3 %.

Beim Vergleich eines 12-Volt-Bordnetzes mit der 220-Volt-Landspannung bei der Übertragung einer Leistung von nur einem Watt schneidet die Bordspannung achtzehnmal schlechter ab.

Für die praktische Ermittlung des Spannungsabfalls rechnet man:

$$\Delta U = \frac{2 \cdot l \cdot I}{\sigma \cdot A}$$

oder mit der Leistung P eines Verbrauchers

$$\Delta U = \frac{2 \cdot l \cdot P}{\sigma \cdot A \cdot U}$$

ΔU = Spannungsabfall in Volt

l = Leiterlänge in Metern (Faktor 2 für Hin- und Rückleitung)

P = Leistung in Watt

I = Strom in Ampere

σ = Leitwert in $\dfrac{m}{\Omega \cdot mm^2}$

(als Materialkonstante, für Kupfer = 56)

A = Leiterquerschnitt in Quadratmillimetern

U = Bordspannung in Volt

Diese Beziehungen von Leiterlänge, Strom und Querschnitt zueinander kann man grafisch darstellen, so daß für einen zulässigen Spannungsverlust bei Bekanntsein zweier Werte, der dritte leicht abgelesen werden kann.

Eine Leitungsberechnung für einen elektrischen Verbraucher ergibt sich dann wie folgt:

(1) Stromstärke I in Ampere berechnen aus Leistungsbedarf P in Watt und Bordspannung U in Volt

$$I = \frac{P}{U}$$

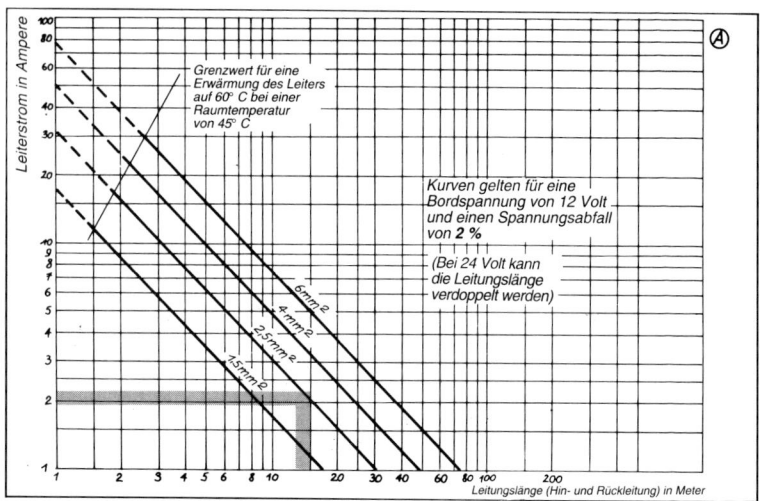

Diagramm für die Bemessung elektrischer Leitungsquerschnitte: Die zulässigen Leitungslängen sind hier für einen Spannungsverlust von 2 % ausgelegt und damit Batterie-Ladeleitungen vorbehalten. Beispiel: Die Leitung vom Ladegerät zur Batterie führt einen Strom von 2,1 Ampere. Für eine Leitungslänge von 16 Metern ergibt sich ein benötigter Querschnitt von 2,5 mm².

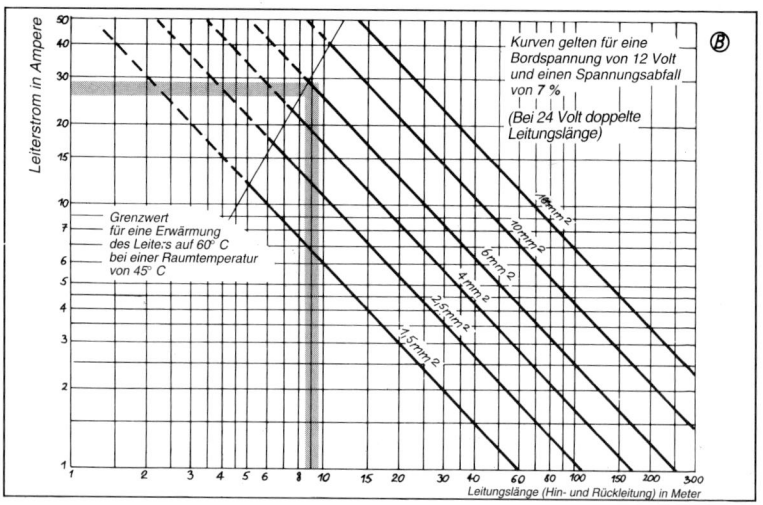

Für alle anderen elektrischen Verbraucher ist ein Spannungsverlust von 7 % zulässig. Das Beispiel zeigt einen Querschnitt von 6 mm² für einen Strom von 27,5 Ampere und einer Leitungslänge von 9 Metern.

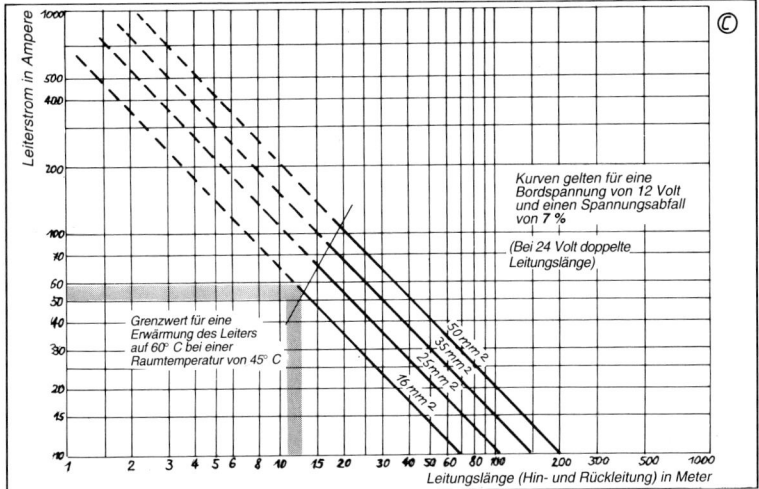

Hier der Leitungsquerschnitt für ein Ankerspill mit einem Strom von 52 A bei einer Spannung von 12 V und einer Leitungslänge von 12 m bestimmt. Es ergibt sich rechnerisch der nötige Querschnitt zu 13,6 mm². Es wird der nächsthöhere Querschnitt mit 16 mm² gewählt. Alle drei Diagramme sind die grafischen Darstellungen der zulässigen Leitungslängen genormter Leiterquerschnitte in Abhängigkeit des Stromes. Sie wurden entwickelt von R. Beier, Ing. VDE.

(2) Leiterquerschnitt A in Quadratmillimetern berechnen, wobei sich der zulässige Spannungsverlust in Volt aus der Art des Verbrauchers ergibt (2, 4 oder 7 Prozent der Bordspannung)

$$A \quad \frac{2 \cdot l \cdot I}{\sigma \cdot \Delta u}$$

(3) Den errechneten Leiterquerschnitt A auf den nächstgrößeren Norm-Querschnitt bringen (Tabelle)

(4) Daraus den tatsächlichen Spannungsabfall ΔU_t berechnen

$$\Delta U_t = \frac{2 \cdot l \cdot I}{\sigma \cdot A} = R \cdot I$$

27

$$R = \frac{2 \cdot l}{\sigma \cdot A} = \text{Widerstand in Ohm}$$

(5) Falls erforderlich, die zulässige Stromdichte S in Ampere pro Quadratmillimeter überprüfen

$$S = \frac{I}{A}$$

Ihre Größe ergibt sich aus der Belastungstabelle für Kabelquerschnitte. Sie ist abhängig vom Querschnitt und liegt für eine Leitererwärmung durch den Strom von 15 Grad zwischen 6,7 und 1,6 Ampere pro Quadratmillimeter. Die dabei herauskommenden größeren Querschnitte sind keine Kupfer-

Genormter Leiterquerschnitt mm²	Einleiterkabel		Zweileiterkabel		Drei- und Vierleiterkabel	
	Höchstzul. Belastung A	Nennstromstärke der Sicherung A	Höchstzul. Belastung A	Nennstromstärke der Sicherung A	Höchstzul. Belastung A	Nennstromstärke der Sicherung A
1,5	12	10	10	10	8	6
2,5	17	16	14	10	12	10
4	22	20	19	16	15	16
6	29	25	25	25	20	20
10	40	36	34	36	28	25
16	54	50	46	36	38	36
25	71	63	60	63	50	50
35	87	80	71	63	61	63
50	106	100	88	80	73	63
70	135	125	110	100	94	80

Tabelle zur Bestimmung des Leiterquerschnitts für verschiedene Nennstromstärken. Die Sicherung ist immer kleiner als die zulässige Belastung.

verschwendung. Sie sind notwendig für funktionstüchtige Bordsysteme kleiner Spannungen.

Kabel und Leitungen an Bord von Yachten müssen Leiter aus Elektrolytkupfer besitzen, die mehr- oder feindrähtig ausgeführt sind. Sie dürfen nicht höher belastet und abgesichert sein als in der Tabelle angegeben.

Bezeichung von Kabeladern

Kabelbündel und komplizierte Schaltungen brauchen nicht zu verwirren, wenn ihre Adern bezeichnet sind. Zweckmäßigerweise verwendet man an Bord deshalb Leitungen mit verschiedenen Farben oder legt zumindest für Plus- und Minus-Leitung die Farben fest. Bei Verwendung von (nach IEC-Standard) harmonisierten Kabeln ergeben sich folgende Aderbezeichnungen, die eingehalten werden sollten, da sie für eine spätere Fehlersuche sehr wichtig sind:

Zählfolge der Adern harmonisierter Kabel

Aderzahl	Nr. 1	2	3	4	5
2	hellblau	braun	−	−	−
3	grün/gelb	braun	hellblau	−	−
4	grün/gelb	schwarz	hellblau	braun	−
5	grün/gelb	schwarz	hellblau	braun	schwarz

Daraus ergibt sich für
Gleichstrom: Ader 1 (hellblau) − Plus,
           Ader 2 (braun) − Minus
und beispielsweise für den
Landstrom (220-Volt-Wechselstrom):
           Ader 2 (braun) − L1
           Ader 3 (hellblau) − L2

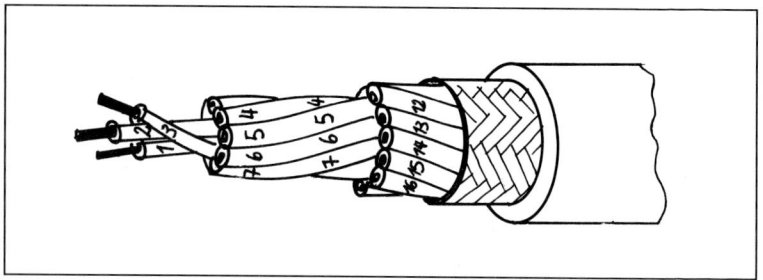

Mehradrige Kabel sind nur mit einfarbigen Adern ausgerüstet, die dafür indessen Nummern tragen.

Die grün/gelbe Ader ist ausschließlich als Schutz- oder Erdungsleitung zu verwenden.

Leider findet man immer wieder Leitungen an Bord, die nicht bezeichnet sind. Unterscheiden sie sich auch nicht in ihrer Farbe, dann kann man Plastik-Adernnummern verwenden, die ölbeständig im Zubehörhandel zu haben sind. Adernnummern und -farben werden dann in den (hoffentlich an Bord vorhandenen) Schaltplan eingetragen. Nur so ist man auch auf See und auf sich gestellt in der Lage, Fehler im E-System schnell zu beheben.

Kabelpläne

Selbst kleine Yachten sind heute mit umfangreichen Kabelnetzen ausgerüstet, so daß man ohne geeignete Pläne leicht die Übersicht verliert bei einer Fehlersuche oder Umrüstung der elektrischen Anlage. Kabelpläne, für größere, elektrisch kompliziert ausgerüstete Yachten eine Notwendigkeit, bieten auch dem elektrisch spartanisch ausgerüsteten Yacht-Eigner eine Möglichkeit, seine E-Anlage zu überblicken. Das Wissen, welches Kabel mit welcher Anzahl von Adern und welchem Querschnitt von wo nach wo im Schiff läuft, erspart eine langwierige Suche im Fehlerfall und versetzt eine Crew in die Lage, durch einfaches Umklemmen der Seitenlaternen auf die Zuleitung der Ankerwinsch beispielsweise, das bei Havarie des Bugkorbs defekt gewordene Positionslaternen-Kabel zu umgehen. Andererseits beantwortet ein Blick in den Kabelplan, ob eine vorhandene Leitung bei Erweiterung des Verteilernetzes noch ausreicht oder ob sie durch einen größeren Querschnitt ersetzt werden muß.

Die Aussagen eines Kabelplans sind somit schnell umrissen: Darstellung, zwischen welchen Punkten im Schiff oder welchen Geräten das Kabel verlegt wurde, mit einer Angabe seines Typs (Aderzahl und Querschnitt). In der Regel ist die Ausarbeitung eines solchen Planes der nächste Schritt nach Erstellung der Installationsliste, den eine Werft tun muß, damit alle Kabel schon vor dem Ausbau des Schiffsrumpfes eingezogen werden können. Kabelpläne sind damit für jede Yacht vorhanden und sollten in keiner Bordmappe fehlen. Notfalls muß man sie von der Werft anfordern.

Wie alle elektrischen Pläne sind auch Kabelpläne zeichnerische Darstellungen, deren elektrische Geräte und Anlagen durch sogenannte Schaltzeichen symbolisiert werden. Schaltzeichen ermöglichen es, in der Zeichnung häufig vorkommende Geräte einfach darzustellen, mit dem Nachteil, daß auch der Skipper sie kennen muß, will er E-Pläne lesen.

Zum Teil stellt man komplizierte Geräte jedoch auch durch Quadrate und Rechtecke dar (Blockschaltpläne) und beschriftet sie. Kabel und Leitungen zwischen den Geräten (Quadraten) werden (möglichst übersichtlich) geradlinig − waagerecht und senkrecht − als Linien gezeichnet, die sich nach Möglichkeit nicht kreuzen sollen. Aderzahl und Querschnitt werden an die Linie (Kabel) geschrieben, etwa 3 x 2,5. Ist in einer Anlage nur ein Querschnitt vorhanden, wird er oft nur einmal erwähnt, wobei die Aderzahl auch durch die (Kabel-)Linie schräg kreuzende Striche angegeben wird. Im allgemeinen findet man Kabelpläne in aufgelöster Darstellung, in der auf die räumliche Lage der Geräte keine Rücksicht genommen wird, zugunsten einer besseren Leistungsübersicht. Für das Lesen solcher Pläne ist es jedoch besser, wenn von achtern nach vorn (von links nach rechts) Spanten und Schotte angegeben sind und die Geräte in die sich so ergebenden Abteilungen eingezeichnet werden, in die sie auch an Bord eingebaut sind. Kabellängen und Schottdurchführungen lassen sich so besser bestimmen − und die störungssuchende Crew findet die meist doch sehr versteckt eingebauten Bausteine der Yachtelektrik schneller.

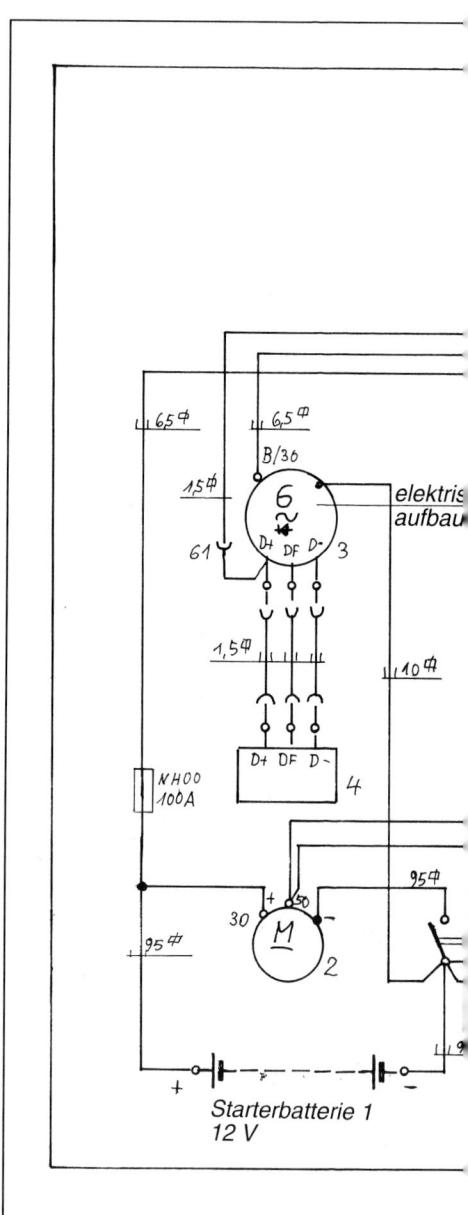

Typischer Kabelplan der Moto-renanlage einer Yacht: Alle Geräte sind durch Schaltzeichen symbolisiert, alle Kabelverbindungen mit den nötigen Querschnittsangaben versehen.

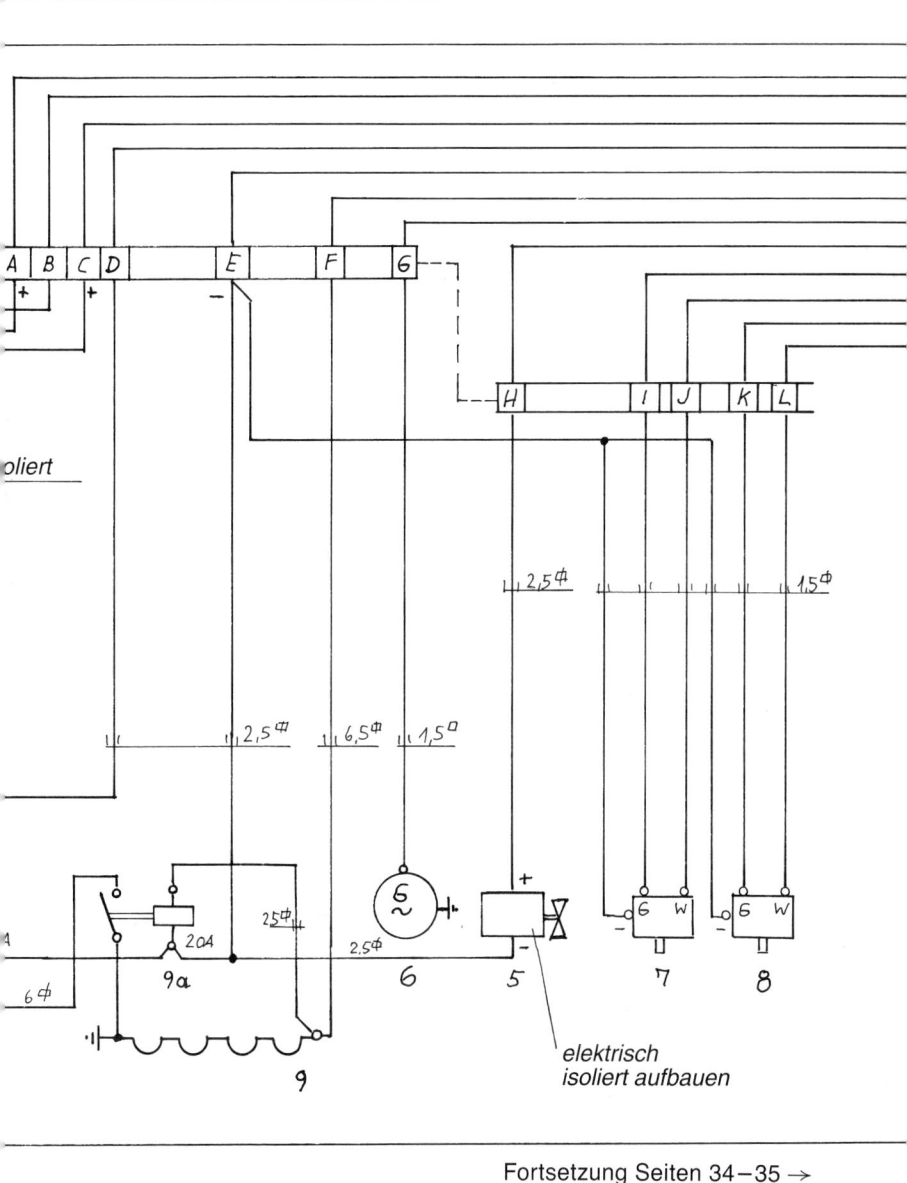

oliert

elektrisch
isoliert aufbauen

Fortsetzung Seiten 34–35 →

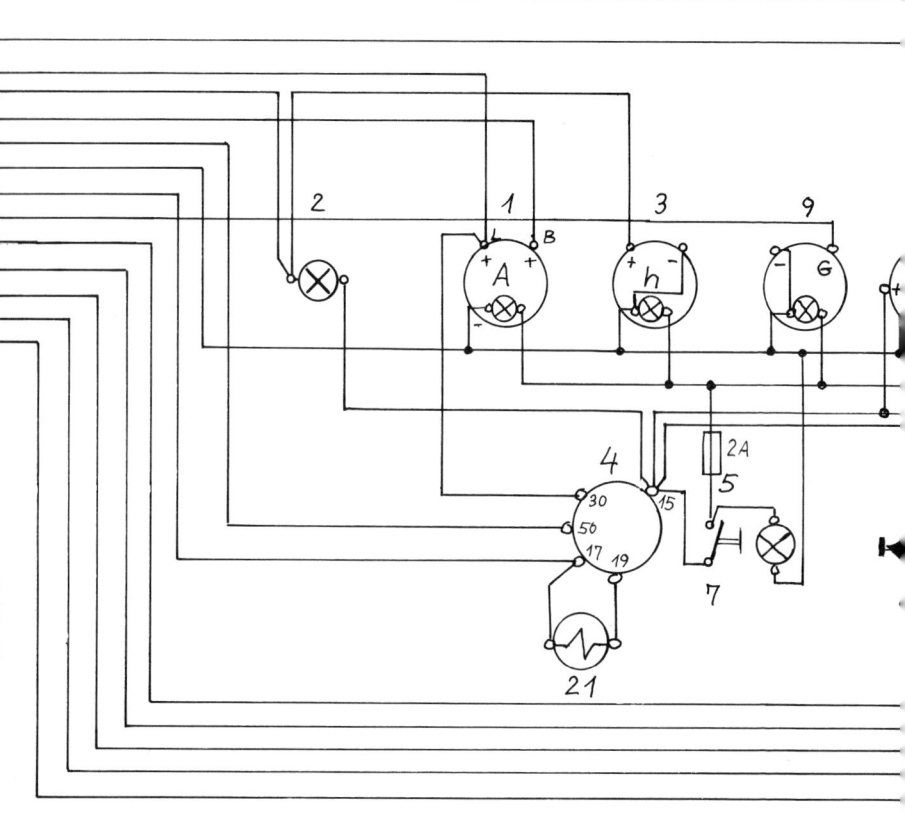

Bemerkung: *Die Drehstrom-Lichtmaschine*
darf ohne angeschlossene Bleibatterie nicht
betrieben werden, da sonst die Dioden
zerstört werden.
100 A Sich. als Kurzschlußschutz
Drehstrom-Lichtmaschine kann durch eine
Isolierstoffhülse der Li-Schwenkvorrichtung
und Isol.-Scheiben gegen Masse isoliert
werden.

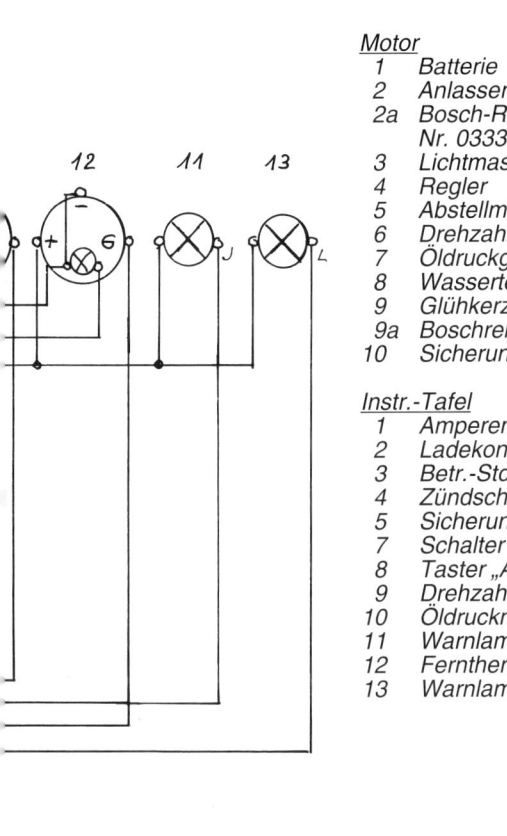

12   11   13

Motor

1	Batterie
2	Anlasser
2a	Bosch-Relais 80 A (500 5s)
	Nr. 0333 006 004
3	Lichtmaschine
4	Regler
5	Abstellmagnet
6	Drehzahlgeber
7	Öldruckgeber
8	Wassertemperatur-Geber
9	Glühkerzen
9a	Boschrelais 20 A
10	Sicherung NH00 100 A

Instr.-Tafel

1	Amperemeter
2	Ladekontroll-Leuchte
3	Betr.-Std.-Zähler
4	Zündschloß
5	Sicherung
7	Schalter Instr.-Bel.
8	Taster „Aus"
9	Drehzahlmesser
10	Öldruckmesser
11	Warnlampe Mot.
12	Fernthermometer Mot.
13	Warnlampe Mot.-Wasser

ÄNDERT				∗		∗
ZEICHNET						

„MAUNA KEA" Eigner P. Kammler   78.60.01

MASSTAB

Modifikation der Motorenanlage   ZEICHNUNGS NR.

35

Kabelsystem einer kleinen Yacht

Die hier dargestellte Segelyacht ist nur mit dem Allernotwendigsten ausgerüstet, was eine moderne Yacht an Elektrik haben sollte:
Als Spannungsquelle wurde eine Batterie (1) installiert, die von einem Drehstromgenerator (2) geladen wird. Direkt an die Batterie angeschlossen ist ein Anlasser (3). Er wird über ein vom Startschalter (4) angesteuertes Relais (3.1) in Gang gesetzt. Die Stromverteilung übernimmt die von der Batterie gespeiste Schalttafel (5). Sie hat Stromausgänge für Heck- (6.1) und Seitenlichter (6.2), die in der Verteilerdose (7) in Backbord- und Steuerbordlaterne verzweigen. Gespeist werden ebenfalls eine Topplaterne (8), eine Salingleuchte (9) und eine Steckdose für das Ankerlicht (10). Unter Deck gibt es lediglich Licht für Kartentisch und Pantry (11) und eine Salonbeleuchtung (12). Die Abbildung zeigt diese Strom-

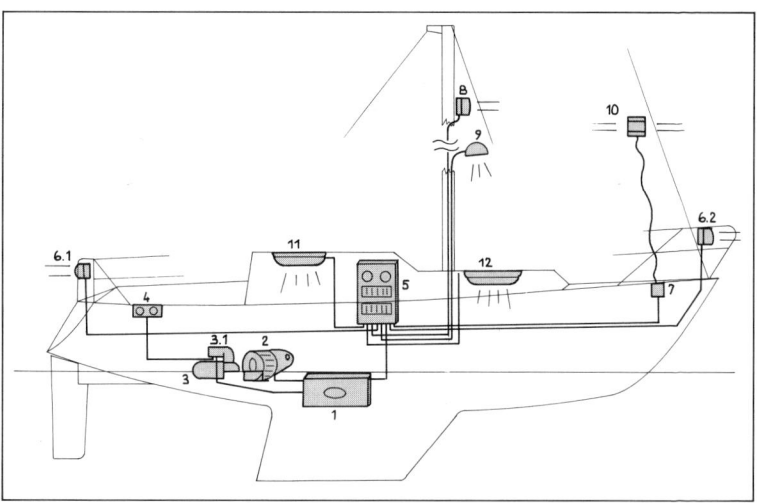

Diese Zeichnung zeigt die elektrische Ausrüstung einer Yacht in natürlicher Darstellung. Geräte und Einbauorte sind realistisch dargestellt.

erzeuger, -verteiler und -verbraucher in realistischer Darstellung, wie an Bord eingebaut.

Im sogenannten Installationsplan sind die gleichen Geräte dargestellt, jedoch mit ihren Symbolen. In der Draufsicht des Bootes eingezeichnet sind auch hier ihre Einbauorte festgehalten.

Der sich daraus ergebende Kabelplan (S. 38) ist da schon abstrakter. Doch auch hier kann man noch gut die Einbaulage der Geräte herauslesen. Die Eintragung der für die Installation wichtigen Spanten macht das möglich.

Ein in aufgelöster Darstellung gezeichneter Kabelplan letztlich läßt nicht mehr erahnen, daß diese elektrische Anlage an Bord einer Yacht installiert ist. Nach rein elektrischen Gesichtspunkten zeigt er die Schalttafel als Verteiler aller ankommenden und abgehenden Kabel. Für die Projektierung ist dieser Plan jedoch ebenso zu gebrauchen. Seine Darstellung zeigt alle benötigten Kabel zwischen den Geräten mit Angabe von Querschnitt und Leiterzahl.

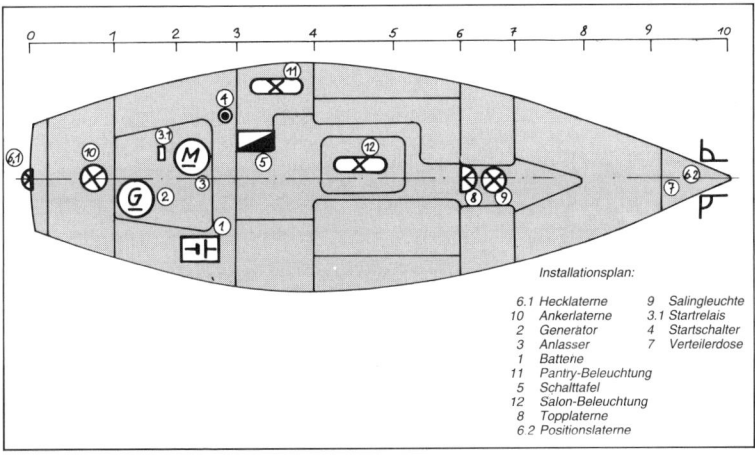

Installationsplan:

6.1	Hecklaterne	9	Salingleuchte
10	Ankerlaterne	3.1	Startrelais
2	Generator	4	Startschalter
3	Anlasser	7	Verteilerdose
1	Batterie		
11	Pantry-Beleuchtung		
5	Schalttafel		
12	Salon-Beleuchtung		
8	Topplaterne		
6.2	Positionslaterne		

*Die Draufsicht zeigt dieselbe Anlage, jedoch werden die Geräte stilisiert durch Symbole dargestellt: **Installationsplan.***

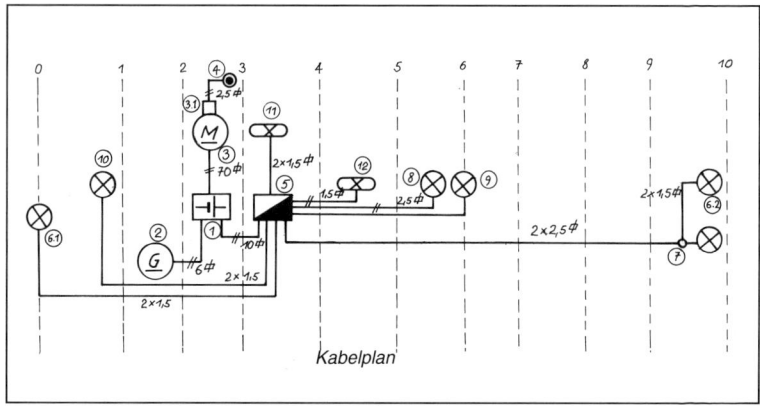

*Immer noch dieselbe E-Anlage: Von der Yacht sind nur noch die Spanten darge-stellt, zwischen die die elektrischen Geräte symbolisch nach ihrer natürlichen Anordnung dargestellt sind: **Kabelplan**.*

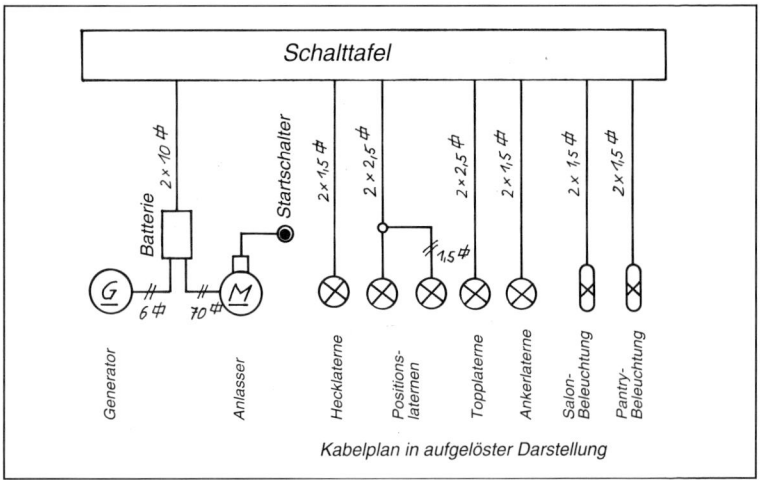

*So stellt der Elektriker die Bordanlage dar: Das wichtigste ist ihm die Schalttafel, wo alle Gerätekabel zusammengeführt werden: **Aufgelöste Darstellung**.*

Erdung

Der Ausdruck „erden" kommt aus der Landelektrik und hat hier noch seine wirkliche Bedeutung. An Bord wird er oft da verwendet, wo es lediglich um eine Rückleitung des Stromes über den (Metall-)Schiffsrumpf oder über die Masse des Motors geht. Diese Systeme sind einpolig verlegte Systeme.

Bei der Blitzschutz-Erde und bei der Erde für den Funkempfänger oder -sender spricht man wiederum von der *Erde,* obgleich man hier eine Verbindung zum *Wasser* schafft. Diese Verbindung ist bei Metallrümpfen kein Problem. Hier legt man die Erdleitung einfach an die Außenhaut und fertig. Auf GFK- und Holzschiffen kann man es mit einem Seeventil versuchen, an das man ein Kabel mit Hilfe eines Kabelschuhes schraubt. Meist ist jedoch die Fläche, die letztlich Kontakt mit dem Wasser hat, so klein, so daß man Metallplatten (Bronze oder VA von mindestens 0,2 m^2) im Unterwasserbereich des Rumpfes anbringt und sie mit den zu erdenden Geräten verbindet.

Eine andere Lösung ist die Verwendung von sogenannten Schwammerden, porösen Bronzeplatten, die durch große Mengen Wasser, das sie durchdringt, eine größere Erdungsfläche bieten, als ihre geometrische Größe es vermuten läßt. Ein Erdungsschwamm mit den Maßen 55 × 160 mm entspricht einer Erdungsfläche von zirka 0,75 Quadratmetern. Das Erdungskabel wählt man im Querschnitt genügend groß: 10 mm^2 ist eine gängige Größe.

Die Systemerde

Systemerdungen sind in Wahrheit „einpolig verlegte Systeme", wie sie bei jedem Auto realisiert sind. Auf Stahlyachten einst aus Gründen der Leitungsersparnis eingeführt (die Stromrückleitung übernimmt dabei der Rumpf), zeigte ihre Anwendung in Aluminium-Yachten jedoch deutliche Nachteile. Korrosionsprobleme, hervorgerufen durch über den Rumpf fließenden Gleichstrom, sind kaum in den Griff zu bekommen. Auf heute vorzugsweise benutzten GFK-Yachten erledigt sich dieses Problem von selbst. Hier ist man gezwungen, die elektrischen Systeme zweipolig zu

Auch elektrische Systeme am Motor, hier der Geber für die Schmieröltemperatur, sollen zweipolig verkabelt werden.

verlegen, und man tut gut daran, auch die Motorelektrik auf ein zweipoliges System umzurüsten. Nur die zweipolige Verlegungsart läßt an Bord eine definierte Stromführung zu.

Die Funkerde
Stab- beziehungsweise Stagantennen benötigen einen künstlichen zweiten Pol, da sie selbst nur in der Lage sind, einen Pol des benötigten „Dipols" zu bilden. Eine gute Verbindung des Senders mit dem Wasser, leitend oder auch auf kapazitive Weise, durch in der Bilge ausgelegte Kupfer- oder Aluminiumfolie, hat hier die Funktion eines Gegengewichts zur Bildung einer guten Antenne. Erdung ist also auch auf dem Wasser kein Paradoxon. Jedoch wird eine Erdung auf Yachten mit Kleinspannungsnetz immer nur in Sonderfällen nötig.

Elektrische Ausrüstung

Yachtelektrisches Zubehör entstammt nicht immer yachtspezifischen technischen Zweigen und ist dementsprechend entweder groß, unhandlich und schwer oder so wenig rüttel- und salzwasserfest, daß ihm ein einziger See-Törn schon den Garaus macht. Gute Yachtelektrik fängt bei der Auswahl der Bausteine an, die (wenn sie nicht für rauhen Seebetrieb konstruiert sind) modifiziert werden müssen. Wichtige Forderung ist die Resistenz gegen Salzwasser- und Schock-Beanspruchung.

Installationsmaterial

Bauteile aus der Autoindustrie sind nur bedingt verwendbar, da sie zur Korrosion neigen und oft zu leicht aufgebaut sind. Vielfach eingesetztes Camping-Zubehör (weil billiger) ist ebenfalls für Yachten nicht geeignet, wie auch Material aus der Hausinstallation.
Yachten benötigen Schiffsmaterial. Das bedeutet
- zweipolige Elektrik,
- ausreichende Dimensionierung der Anschlußräume und -klemmen,
- großzügige Auslegung der Querschnitte der Verdrahtung,
- Kontakte an Schaltern und Anschlußklemmen sollten versilbert beziehungsweise zumindest korrosionsfrei sein.

Die mit den niedrigen Spannungen des Bordnetzes – überwiegend 12 Volt – arbeitenden Bausteine müssen fast immer große Ströme tragen. Der Grund liegt in der Leistung, die das Produkt aus Strom und Spannung ist. Hierzu kommt die Verwendung von Gleichstrom an Bord. Nur der läßt sich in den Akkumulatoren der Bordbatterie speichern. Das bedeutet aber, daß herkömmliche Schaltgeräte wie Relais oder Kammerschalter aus der Hausinstallation nicht eingesetzt werden können.
Für 16 Ampere und 220 Volt Landspannung konzipierte Schalter etwa

Elektrisches Installationsmaterial soll zumindest spritzwasserdicht an Bord kommen. Wasserdichte Kabeleinführungen wie auch wasserdichte Decksdurchführungen sind notwendig. Decksdurchführungen werden mit einer Dichtung auf Deck geschraubt. Ein Gummiring innerhalb der Verschraubung legt sich beim Anziehen der Mutter wasserdicht um das Kabel. Der Landanschlußkasten (mit FI-Schalter und Automaten) besitzt eine seitliche Einführung. Besser ist jedoch, die Kabel von unten einzuführen. So fließt kein Wasser am Kabel in Richtung Verschraubung und dringt ins Gehäuse ein. Das Beispiel zeigt den zweipolig geschalteten und abgesicherten Anschlußkasten für das Radiotelefon.

sind für das Bordnetz oft nur für Schaltleistungen von 0,5 Ampere zu verwenden. Den Unterschied macht die Land-Wechselspannung und die Bord-Gleichspannung. Letztere zieht beim Schalten besonders induktiver Verbraucher wie Motoren und Relais einen weitaus größeren Lichtbogen, der die Kontakte verschmort, als Wechselspannung.

Deshalb ist vor Einbau elektrischen Materials an Bord immer auf das Gleichspannungszeichen zu achten (−, GS oder DC)

Große Bedeutung muß der

● Wasserdichtigkeit von elektrischen Geräten beigemessen werden.

Bausteine an Deck wie Schalter, Steckdosen und Laternen müssen absolut wasserdicht sein, was der in der Berufsschiffahrt verwendeten Definition der Schutzart IP 56 gleichkommt.

Ausländisches Material trägt oft als Zeichen der Wasserdichtigkeit einen Tropfen im Dreieck. Das genügt für Verwendung an Deck nicht. Es müssen wenigstens zwei Tropfen verzeichnet sein.

Für Schalter bedeutet das die Ausrüstung mit Gummi-Schutzkappen; für Steckdosen die Verwendung von Schraubkappen mit Gummidichtung. Ein einfacher Klappdeckel ist kaum in der Lage, die Kontakte sicher vor Überflutung und Korrosion zu schützen. Laternen sind größtenteils wasserdicht; bleibt noch der Hinweis auf die Kabeleinführung, die immer von unten erfolgen soll, was für alle Über-Deck-Geräte gilt.

Auch unter Deck bereitet die Verwendung wasserdichten Materials, wo immer man es wegen seiner größeren Bauform verwenden kann, am wenigsten Verdruß.

Zum guten Konzept gehört letztlich die Verschaltung der Bausteine und Geräte durch geeignete Kabel, was ja erst ein elektrisches System ausmacht.

Am Beispiel eines E-Systems einer Segelyacht wurde die Konzipierung einer einfachen elektrischen Anlage aufgezeigt. Am Anfang steht die E-Bilanz, also die Kalkulation des gesamten Bordstromverbrauchs. Daraus ergibt sich die Größe der Bordbatterie, wobei (bei größeren Verbrauchern) zu überlegen ist, ob der Stromspeicher in Start- und Bordnetz-Batterie aufgeteilt werden soll. Nach Einbau der Batterie kommt die Frage der Generatorleistung und die Festlegung seiner Drehzahl. Der Genera-

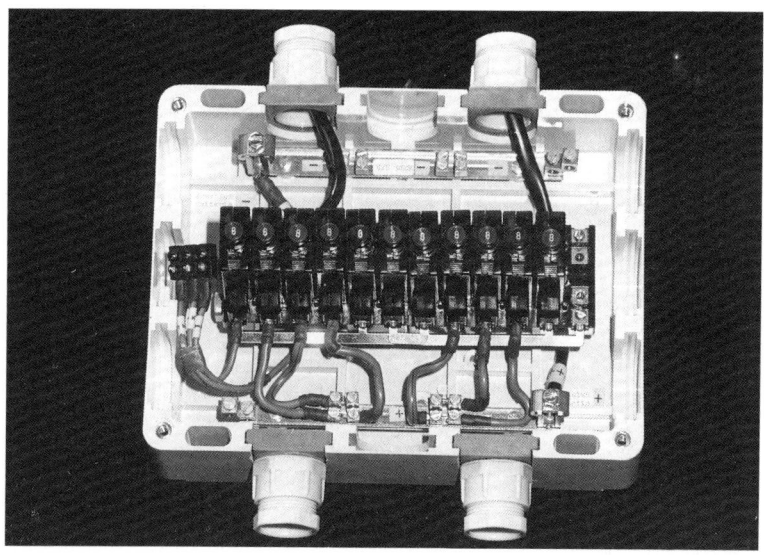

Wasserdichte Kabelkästen sind groß, haben jedoch den Vorteil einer übersichtlich anzuordnenden Verdrahtung.

tor soll in der Lage sein, die entladene Batterie schnell wieder aufzutanken und das möglichst schon bei Leerlauf-Drehzahlen tun.

Alsdann folgt die Überlegung nach einem effektiven Verteilungssystem mit der Absicherung der Kabel. Ob eine zentrale Schalttafel oder mehrere im Schiff verteilte den größeren Erfolg bringen, hängt vom Gesamtkonzept ab und muß von Fall zu Fall entschieden werden.

Vorschriften

Die Gefährdung des Menschen durch elektrischen Strom ist an Bord höher als an Land. Dies trifft zum Glück für Spannungen unter 50 Volt nicht zu. Jedoch auch Yachten mit 24- oder 12-Volt-Bordnetz haben unter

Umständen mit höheren Spannungen zu tun, sei es durch einen Landanschluß (220 Volt), oder durch ein zusätzliches Wechselstrom-Aggregat. Der Widerstand des menschlichen Körpers, der hauptsächlich durch die Haut gegeben ist, sinkt mit zunehmender Feuchtigkeit, was an Bord oft durch leitende Decks (bei Stahl- und Aluminium-Rümpfen) noch begünstigt wird. Außerdem erhöhen enge niedrige Räume die Gefahr. Richtlinien, die vor Stromunfällen schützen sollen, sind die sogenannten VDE-Vorschriften, die der Verein Deutscher Elektrotechniker herausgibt. Die für die Yachtelektrik wichtigsten Bestimmungen sind die VDE 0100 und (für Landanschlüsse) die VDE 57 100. Über diese Vorschriften hinausgehende Regeln sind die des Germanischen Lloyd. Diese deutsche Institution, die sich mit technischen Belangen auf Schiffen beschäftigt, gilt als international anerkannte Klassifikationsgesellschaft. Ihre Richtlinien befassen sich mit der Sicherheit und Funktionstüchtigkeit von elektrischen Anlagen auf Schiffen und gewähren damit höchstmöglichen Standard auch für Yachten.

Besonders seegehende Wassersportfahrzeuge, wie es heißt, sollten den Regeln des GL entsprechen. In den „Klassifikations- und Bauvorschriften, Teil 3 – Wassersportfahrzeuge" sind die für kleine Yachten notwendigen Regeln für elektrische Anlagen festgehalten. Ihre Einhaltung gewährleistet die sichere Funktion einer Anlage und schützt vor Schäden am Schiff, die beispielsweise durch Kabelbrand oder Korrosion (durch vagabundierende Ströme) entstehen können. Viele Geräte und vieles Installationsmaterial tragen ein Prüfzeichen als sichtbares Merkmal, daß sie den Bestimmungen des VDE und GL entsprechen.

Sowie elektrische Anlagen den Geltungsbereich der Seeschiffahrtstraßen-Ordnung und der Kollisionsverhütungsregeln berühren, treten zusätzliche Vorschriften und Verordnungen des Bundesamtes für Seeschiffahrt und Hydrographie (BSH) in Kraft. Sie betreffen vornehmlich die Positionslaternen, deren Mindesttragweiten, Farbwerte und Sichtwinkel einer Baumusterprüfung des BSH unterliegen.

Der Germanische Lloyd mit den in seine Richtlinien integrierten VDE-Bestimmungen und das BSH nehmen damit Sicherheitsaufgaben im Bereich elektrischer Anlagen an Bord von Yachten wahr, die einen Beitrag zur Sicherheit im Wassersport darstellen. Yachteigner sind gut beraten, sich an diese Bestimmungen zu halten, auch wenn sie als Richtlinien deklariert sind.

Gleichspannung auf Yachten

Als die Elektrik an Bord kam, war Gleichstrom die einzige zur Verfügung stehende Stromart. Für viele Yachten, insbesondere kleinere Segelyachten, ist sie es bis heute geblieben. Der Grund liegt in der Tatsache, daß nur Gleichstrom in Akkumulatoren, den sogenannten Bordbatterien, gespeichert werden kann.

Mit Generatoren läßt sich eigentlich viel einfacher Wechselstrom erzeugen, so daß auf größeren Yachten, die auch während des Segelns ein Aggregat, schallgedämpft, laufen haben, Wechsel- und Drehstromsysteme den Gleichstrom als Hauptspannung weitgehend verdrängt haben. Zusammen mit einer höher gewählten Spannung haben diese Systeme einige Vorteile hinsichtlich Stromübertragung und Kabelquerschnitte.

Doch auch für Kleinspannungs-Generatoren wählt man vorzugsweise Drehstrom − und macht ihn kurzerhand gleich.

Der Drehstromgenerator

Vom Motor über Keilriemen angetriebene Generatoren sind die Haupt-Stromlieferanten auf einer Yacht. Sie sind klein, leistungsstark und überstehen auch rauhen Bordbetrieb unbeschadet. Es gibt besonders wassergeschützte Typen; aber auch auf dem Wasser versehen heute normale Kfz-Generatoren ihren Dienst.

Moderne Yachten fahren dreiphasige Wechselstrom-, sogenannte Drehstromgeneratoren, die sich in ihrem Grundaufbau voneinander unterscheiden. Es gibt Klauenpol- und Einzelpolgeneratoren und für größere Leistungen Klauenpolgeneratoren mit Erregermaschine. Grundsätzlich jedoch gehören zur Drehstrommaschine eine dreiphasige Ständerwicklung als feststehender Teil und ein Läufer, auf dessen Welle Magnetpole mit einer Erregerwicklung sitzen.

46

Der Drehstromgenerator: klein, aber mit hoher Leistung. Seine Drehrichtung wird bestimmt durch die Anordnung seines Lüfterrades.

Weit verbreitet ist der Klauenpoltyp, der seinen Namen von seinem mit klauenartigen Polen ausgebildeten Läufer hat. Er besteht aus zwei Hälften, deren Pole wechselseitig ineinander greifen mit einer Ringspule als Erregerwicklung dazwischen. Es ergeben sich so zwölf- bis sechzehnpolige Synchrongeneratoren, die ihre Spannung im Ständer erzeugen, im stehenden Teil des Generators. Der Erregerwicklung wird Erregerstrom vom Regler über Bürsten und Schleifringe zugeführt, wenn er nicht mit auf der Welle aufgebauter Erregermaschine arbeitet. Erregermaschinen stellen in sich einen kleinen Generator dar, bei dem die Dreiphasenwicklung umläuft und die Erregerwicklung feststeht. Ihr gleichgerichteter Strom speist die Erregung des (Haupt-)Generators.

Beim Drehen des Läufers wird nach dem elektrodynamischen Prinzip ein Wechselstrom erzeugt, das heißt, durch die Anordnung der Ständerwicklungen drei um 120 Grad gegeneinander verschobene Ströme. Dreh-

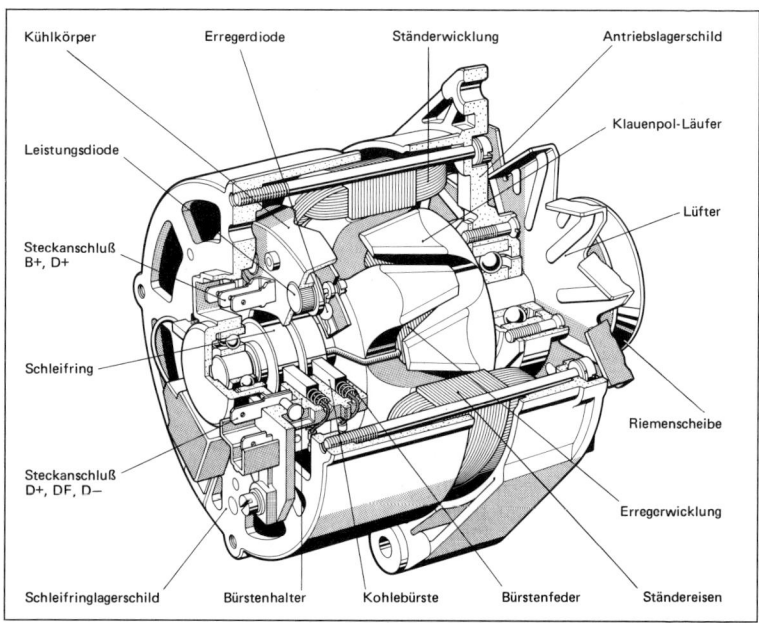

Kühlkörper Erregerdiode Ständerwicklung Antriebslagerschild

Klauenpol-Läufer

Leistungsdiode

Lüfter

Steckanschluß
B+, D+

Schleifring

Riemenscheibe

Steckanschluß
D+, DF, D−

Erregerwicklung

Schleifringlagerschild Bürstenhalter Kohlebürste Bürstenfeder Ständereisen

Röntgenbild eines Klauenpol-Drehstromgenerators: Der Strom wird von der stehenden Wicklung, nachdem er gleichgerichtet wurde, abgenommen. Nur ein geringer Erregerstrom muß so durch Schleifringe auf die Erregerwicklung gebracht werden, was lediglich kleine Bürsten nötig macht.

strom also, der jedoch über eine Gleichrichterschaltung, die aus sechs Dioden aufgebaut ist, gleichgerichtet wird. Jede Diode wirkt dabei wie ein Rückschlagventil, das nur Strom in einer Richtung durchläßt.

Drehstromgeneratoren besitzen genügend viele Windungen und Pole, um auch bei niedrigen Drehzahlen eine ausreichende Leistung abgeben zu können.

Die Generatorspannung muß auf die Batterieladespannung begrenzt werden, während sich der maximal abzugebende Strom selbsttätig durch mit höherer Drehzahl schlechter werdendem Wirkungsgrad regelt. Die Kennlinie einer Drehstrommaschine indes zeigt, daß sie innerhalb der

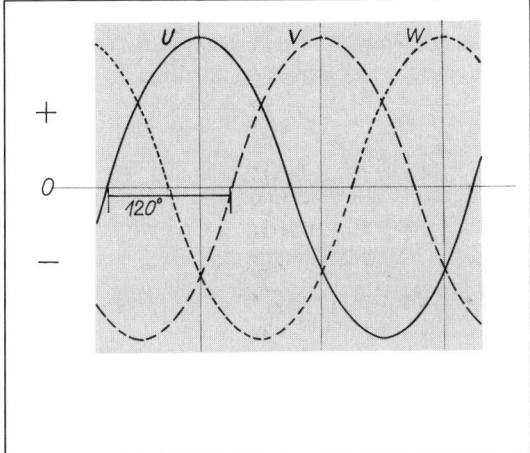

So wird Drehstrom erzeugt. Die drei sinusförmigen Spannungskurven sind um 120° verschoben. Der ebenso angeordnete Strom gleichgerichtet, ergibt einen relativ glatten Gleichstrom.

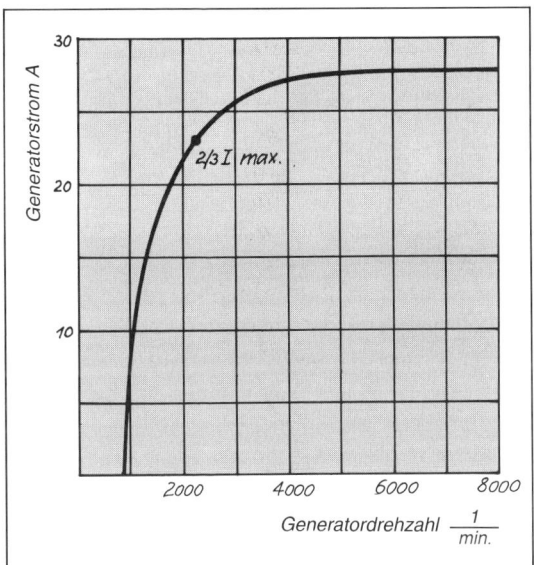

Die Kennlinie des Drehstromgenerators zeigt, daß 2/3 des Maximalstromes schon bei einer Generatordrehzahl von 2100/min erreicht wird. Er lädt also schon bei Leerlaufdrehzahlen des Dieselmotors wenn seine Drehzahl 1 : 3 zum Generator übersetzt wird.

wichtigsten Fahrtstufen einer Yacht optimale Leistung abgibt (eben noch während Leerlaufdrehzahlen des Motors, beispielsweise 750 Umdrehungen pro Minute, und während der Marschfahrt bis zu 10 000 Generatorumdrehungen).

Der breite Regelbereich des Drehstromgenerators macht das möglich, da hier − im Gegensatz zum früher üblichen Gleichstromgenerator − keine Rücksicht auf Kommutation, der Gleichrichtung über Kommutator und Kohlebürsten, genommen zu werden braucht. Die Gleichrichtung erfolgt, wie gesagt, durch Dioden, die jedoch auch nicht ganz unempfindlich sind: Da sie große Ströme zu übertragen haben und deshalb warm werden, müssen sie durch Kühlkörper gekühlt werden.

Drehstromgeneratoren werden durch den (Erreger-)Läufer erregt. Die Selbsterregung beim Anlauf ist jedoch wegen dessen geringer Eisen-

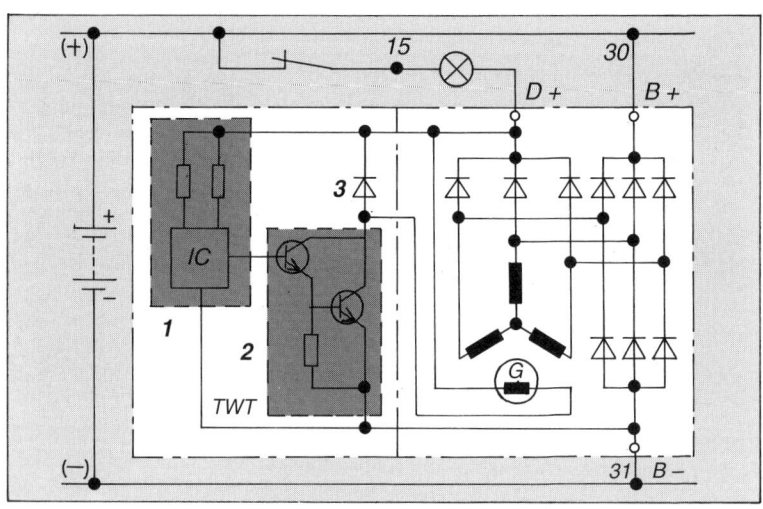

Drehstromgenerator mit Regler. Das Schaltbild zeigt den relativ einfachen Aufbau dieses Stromerzeugers. Sein benötigter Spannungsregler zeigt dagegen einen hohen elektronischen Aufwand, der betrieben werden muß, um die erzeugte Spannung bei allen Drehzahlen konstant zu halten. IC = Integrierte Schaltung. (Aus Bosch, „Kraftfahrtechnisches Taschenbuch".)

menge und der Charakteristik der Dioden nicht immer gewährleistet, so daß beim Bosch-Generator über die Ladeanzeige-Leuchte hilfserregt wird. Die Lösung der Abnahme des erzeugten Stromes vom stehenden Teil des Generators hat den Vorteil, ohne große Bürsten und Schleifringe auszukommen. Lediglich der geringe Erregerstrom muß so dem Läufer zugeführt werden.

Auch der Generator selbst entwickelt Wärme. Ein auf der Ankerwelle sitzender Lüfter sorgt daher für eine Luftumströmung des Generatorinneren und der Diodenkühlkörper. Die benutzten Lüfterräder gibt es nur für eine Drehrichtung. Sie sind der (einzige) Grund, weshalb man bei Drehstromgeneratoren auf die Drehrichtung achten muß.

Ein Parallelfahrbetrieb beliebig vieler Drehstromgeneratoren ist ohne weiteres möglich. Voraussetzung ist lediglich die gleiche Spannung. Wegen der Gleichrichter-Dioden können von Generator zu Generator keine Ausgleichsströme fließen.

Drehstromgeneratoren sollen nicht ohne angeklemmte oder mit völlig entladener Batterie laufen: Sie werden sonst zerstört. Der Grund sind Spannungsspitzen beziehungsweise Überspannungen, die den Halbleitern im Generator und Regler zusetzen.

Ein Gerät, das davor schützt, ist das sogenannte Überspannungsschutzgerät, das neben anderen Halbleitern eine steuerbare Diode eingebaut hat, einen sogenannten Thyristor.

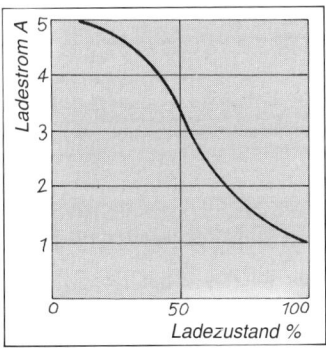

Der vom Generator abgegebene Ladestrom ist dennoch abhängig vom Ladezustand der Batterie. Nimmt sie in leerem Zustand noch 5 A auf, so sind es gegen Ende der Volladung nur noch 1 A.

Schaltung eines Überspannungs-schutzgeräts an einen Generator: Es schützt emp-findliche Elektro-nik vor Span-nungsspitzen.

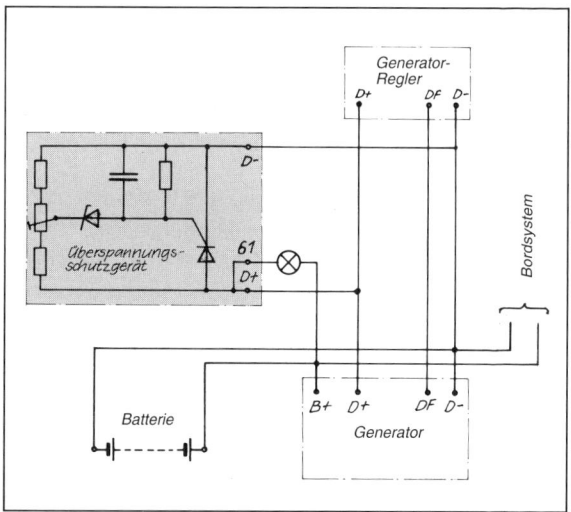

Das Gerät wird an D+ und D− des Generators angeschlossen. Entsteht hier eine Spannungsspitze, dann überbrückt der Thyristor − von einer Z-Diode angesteuert − die Klemmen D+ und D−: Der Generator wird innerhalb von Millisekunden entregt, was von der Ladekontrolleuchte angezeigt wird.

Eine andere Möglichkeit ist das Aufschalten einer Löschdiode, die bewirkt, daß sich Spannungsspitzen totlaufen.

Der Drehstromgenerator-Regler

Trotz Drehzahländerungen und Belastungsschwankungen muß die Spannung des Generators auf einer bestimmten Höhe gehalten werden. Da die erzeugte Spannung proportional dem Produkt aus Drehzahl und Erregerstrom ist, steuert der Spannungsregler den Erregerstrom in Abhängigkeit der erzeugten Spannung so, daß die Klemmenspannung bis zum

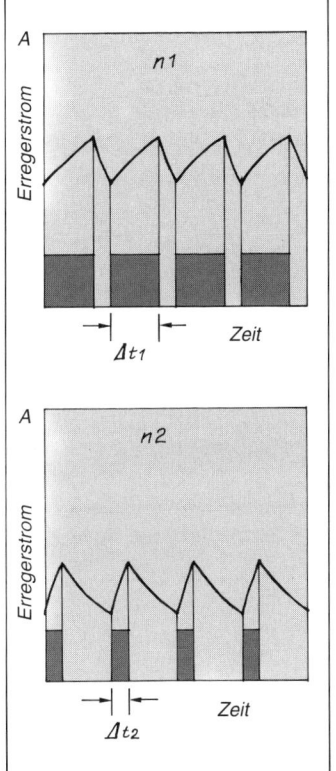

Arbeitsweise von Generatorreglern: Geregelt wird durch periodisches Ein- und Ausschalten des Erregerstroms. Große Einschaltzeiten ergeben einen hohen durchschnittlichen Erregerstrom; kurze Einschaltzeiten dagegen einen niedrigeren.

Maximalstrom konstant bleibt. Der Regler arbeitet dabei als Schalter, der durch periodisches Aus- und Einschalten des Erregerstromes die Generatorspannung regelt. Realisiert wird das, indem bei niedrigen Drehzahlen der Erregerstrom verhältnismäßig lange fließt und nur kurze Zeit verringert wird – was einen hohen durchschnittlichen Wert ergibt – und umgekehrt, bei hohen Drehzahlen der Erregerstrom nur kurzzeitig unvermindert hoch fließt (niedriger durchschnittlicher Wert).

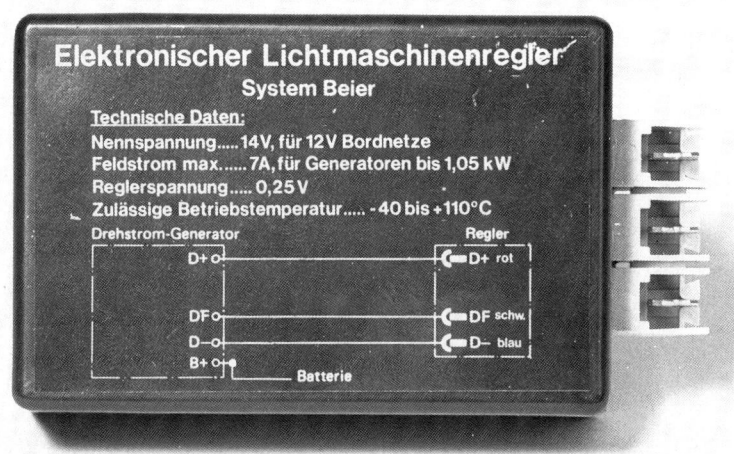

Elektronischer Lichtmaschinenregler
System Beier

Technische Daten:
Nennspannung.....14V, für 12V Bordnetze
Feldstrom max......7A, für Generatoren bis 1,05 kW
Reglerspannung.....0,25V
Zulässige Betriebstemperatur.....-40 bis +110°C

Drehstrom-Generator   Regler

D+ o   D+ rot

DF o   DF schw.

D- o   D- blau

B+ o

Batterie

An Bord werden oft Generatorregler nötig, die auf geringfügig höhere Lade-
spannung regeln. Spannungsabfälle zum Beispiel an Trenndioden für ein Zwei-
Batterien-System werden so eliminiert.

Außerdem wird vom Reglerschalter ein Regelwiderstand zu- und abgeschaltet, um die Regelung zu verfeinern. Es gibt verschiedene Arten von
Reglern. An Bord wird, wenn noch ein Kontaktregler verwendet werden
soll, jedoch der Zweikontaktregler bevorzugt, da er ein breites Spektrum
in der Wahl der Erregerströme und Drehzahlen zuläßt. Darüber hinaus
liegt seine Kontaktlebensdauer günstig.
Bei den heute fast nur noch verwendeten elektronischen Feldreglern
übernehmen Transistoren verschleißfrei die Funktion der Kontakte.
Kleine Abmessungen und Unempfindlichkeit gegen Erschütterungen
erlauben es, sie direkt an den Generator zu bauen. Transistorregler erhalten außerdem Z-Dioden, die als Sollwertgeber für die Spannungsrege-
lung arbeiten. Ihre Besonderheit: Erst bei einer genau festgelegten Spannung, der Zenerspannung, werden sie in Sperrichtung leitend.
Eine Regelung mit elektronischen Reglern ist sehr schnell, da Transisto-

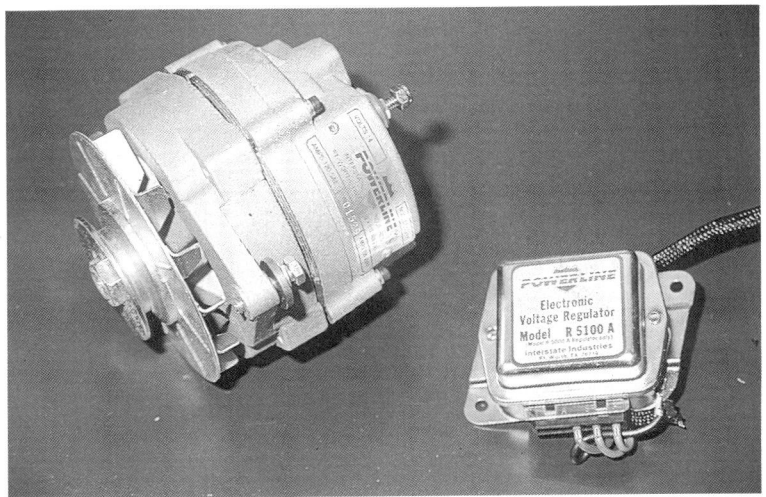

Zum Nachrüsten eines zweiten Drehstromgenerators gibt es spezielle Bausätze, die auf die Bordgegebenheiten abgestimmt sind. Dieses Leistungspaket erzeugt 120 A bei 14 V. Sein Regler arbeitet elektronisch.

ren trägheitslos schalten. Halbleiter sind jedoch spannungs- und hitzeempfindlich.

Stromspeicher

Die Batterie bildet zusammen mit dem Generator das Elektrizitätswerk an Bord, wobei ihr die Speicherung der elektrischen Energie zukommt. Die Elektrizitätsmenge, die einer Batterie bei der Entladung entnommen werden kann, ist abhängig von ihrer Kapazität. Sie wird bestimmt durch die Menge aktiver Masse in den Elektroden, aber auch durch die Entladestromstärke, durch die Dichte und Temperatur des Elektrolyten, den zeitlichen Verlauf der Entladung und letztlich durch ihr Alter. So ist die Kapazität keine konstante Größe.

Der wichtigste Faktor ist der Entladestrom: Je kleiner er ist, desto größer ist die zu entnehmende Strommenge. Den Grund kann man in den langsameren, bis tief in die Poren der Elektroden-Platten gehenden chemischen Vorgänge sehen, die sich bei hohen Strömen dagegen in der Hauptsache an der Plattenoberfläche abspielen.

Um Batterien vergleichen zu können, bezieht man (international) die Kapazität auf eine bestimmte Entladezeit und eine bestimmte Elektrolyttemperatur. Die sich damit ergebende Nennkapazität mit dem Kurzzeichen K_{20} ist die Strommenge (Ah), die eine Batterie bei einer 20stündigen Entladung mit dem zugehörigen Nennstrom und bei der Nenntemperatur von 27° C abgeben kann (siehe hierzu auch „Batterieladung", Seite 79). Ist für eine 12-Volt-Batterie ein Strom von 2,5 Ampere nötig, um sie in 20 Stunden auf 10,5 Volt zu entladen, dann besitzt sie eine Kapazität von 50 Amperestunden. Der Wert des Nennstromes ist damit auf 5 % des Wertes der Kapazität festgelegt, oder anders ausgedrückt: Teilt man die Nennkapazität (Ah) durch 20 h (h = Stunden), dann erhält man den zugehörigen Nennstrom.

Die Bleibatterie

Sie ist der heute auf Yachten am meisten eingesetzte Stromspeichertyp. Bleibatterien sind ausgereifte technische Gebilde mit kompliziertem elektrochemischem Innenleben. Das Bestreben galvanischer Elemente, sich bei Anlegen einer Spannung chemisch zu verändern und somit Energie zu speichern, ist das Prinzip dieser Stromspeicher, die letztlich aus in Säure getauchten Bleiplatten bestehen.

Spezielle Ausbildung der Platten hat zur rigorosen Verringerung der Baugröße mit gleichzeitiger Steigerung der Kapazität geführt. Zugleich ist man heute in der Lage, durch die Platten-Konstruktion Batterien für spezielle Anwendungsbereiche zu bauen – wie zum Beispiel Starter- oder Antriebsbatterie. Durch geeignete Verschlüsse sind Bleibatterien kippsicher und können, in besonderen Fällen mit geleeartigem Elektrolyt versehen, sogar „über Kopf" betrieben werden.

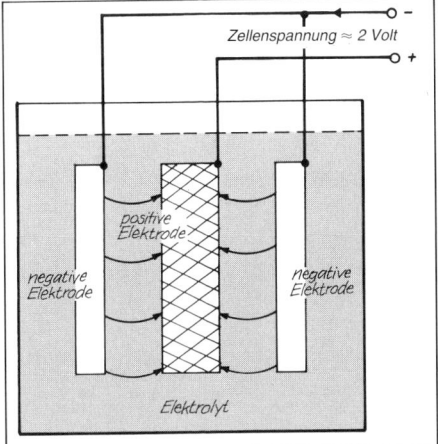

Zellenspannung ≈ 2 Volt

positive Elektrode

negative Elektrode

negative Elektrode

Elektrolyt

Prinzipieller Aufbau einer Blei-akkumulator-Zelle: Die positive Elektrode ist immer eingeschlossen von zwei negativen.

Die Platten moderner Bleibatterien enthalten denn auch Hartbleigitter, in denen die bei Ladung und Entladung chemisch aktive Masse sitzt. Sie besteht aus gemahlenem Blei und ist porös so in die Plattengitter eingelagert, daß die Säure sie durchdringen kann. Die gesamte aktive Masse wird dadurch an der chemischen Umwandlung beteiligt. Akku-Säure als Elektrolyt ist die Mischung aus Schwefelsäure und Wasser im Verhältnis 1 : 3. Beim Laden wird Wasser der Akku-Säure in Sauerstoff und Wasserstoff gespalten, wobei sich Sauerstoff-Ionen an den Plusplatten zu Bleidioxid verbinden, während sich Wasserstoff mit dem Säurerest zu Schwefelsäure vereinigt. Die aktive Masse der negativen Platten reduziert dabei zu Blei.

Was den Skipper an dieser Chemie unbedingt interessieren muß, ist die höher werdende Dichte der Akku-Säure, je mehr die Batterie geladen wird, und der Wert der Dichte von 1,28 kg/l bei voller Batterie. Beim Entladen wird Schwefelsäure in Wasserstoff und Säurerest zerlegt. An der Plusplatte verbinden sich Wasserstoff-Ionen mit Sauerstoff zu Wasser. Es kehrt in den Elektrolyten zurück, wobei das Bleidioxid der Plusplatte zu Blei reduziert. Mit zunehmender Entladung werden die Bleiplatten durch

Chemischer Vorgang in einem Bleiakkumulator bei der Stromentnahme. Elektronen fließen außerhalb des Systems von der negativen zur positiven Elektrode, innerhalb des Systems wird Wasser frei, das die Schwefelsäure verdünnt: Die Säuredichte nimmt ab.

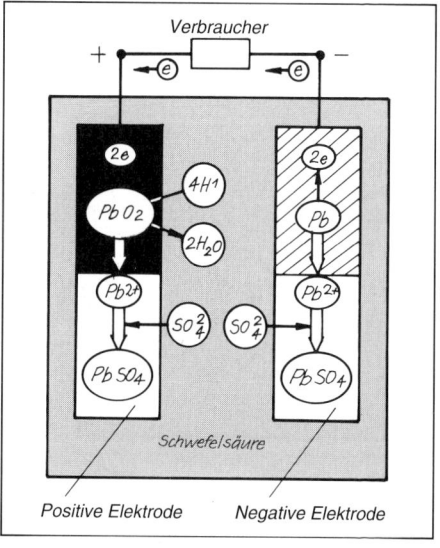

Positive Elektrode   Negative Elektrode

Verbindung mit dem freiwerdenden Säurerest in Bleisulfat umgewandelt: Die Säure wird wässeriger, die Dichte nimmt ab. Eine Säuredichte von 1,12 . . . 1,14 kg/l läßt daher auf eine leere Batterie schließen.

Die Säuredichte ist Kriterium für Zellenspannung und Ladezustand der Batterie, und zur Wartung der Bordbatterie gehört die regelmäßige Überprüfung der Säure mit dem Aräometer, sofern die Batterie noch Verschlußstopfen hat. Kippsichere Batterien kann man nur mit elektrischen Prüfgeräten testen: etwa mit einem Voltmeter mit gespreizter Skala.

Eine Bleizelle besitzt eine Spannung, ohne Stromentnahme, von 2,0 Volt. Während der normalen Ladung steigt sie langsam auf 2,4 Volt an, danach schneller auf zirka 2,7 Volt. Ab 2,4 Volt ist sie ungefähr zu 90 % geladen und beginnt zu gasen. Es darf jetzt nur noch mit geringem Strom weitergeladen werden.

Der Regler des Generators regelt seine Ladespannung so, daß die Gasungsspannung von 2,4 Volt nicht überschritten und damit der Strom

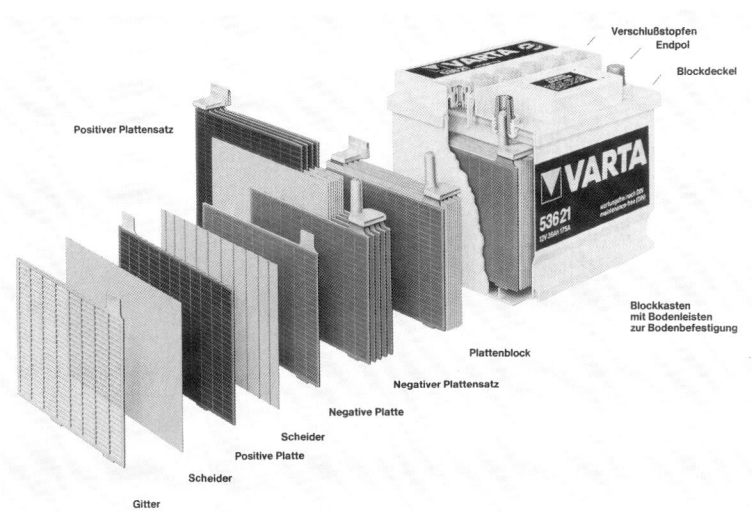

Aufbau einer wartungsfreien Bordbatterie: Auf engem Raum sind möglichst viele positive und negative Plattensätze untergebracht. Sogenannte Scheider machen eine kompakte Bauweise möglich.

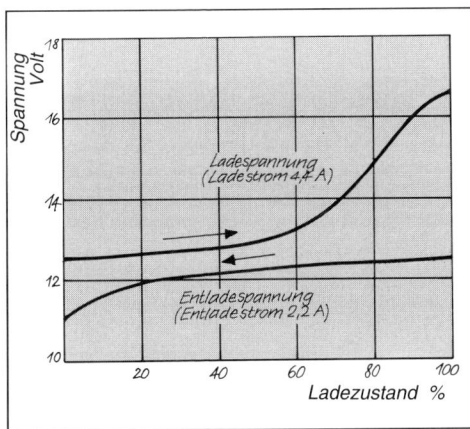

Bei einer Bleibatterie muß man zwischen Ladespannung und Entladespannung unterscheiden. Der Unterschied ist am größten bei voller Batterie, die Ladespannung kann dann bis über 16 V ansteigen. Eine intensive Gasung ist die Folge.

59

gegen Ende der Ladung reduziert wird. Eine Weiterladung mit dem Anfangsstrom (wie es bei ungeregelten Ladegeräten der Fall ist) zerstört die Batterie durch starke Erwärmung und dadurch aggressiver werdende Säure und durch Knallgasbildung. Gas löst die Plattenmasse aus den Gittern, was anfangs zu einer Kapazitätsverminderung und letztlich zur Zerstörung der Batterie führt.

Kritischer sind dennoch die an Bord häufig vorkommenden Tiefentladungen. Durch dabei auftretende starke Beanspruchung der Gitter und Bleistäbe wird die Batterie schon nach kurzer Zeit unbrauchbar. Sie sollte im Hinblick auf ihre Lebensdauer nicht regelmäßig voll ausgenutzt, sondern nur bis zu 80 % entladen werden. Eine entnommene Strommenge muß

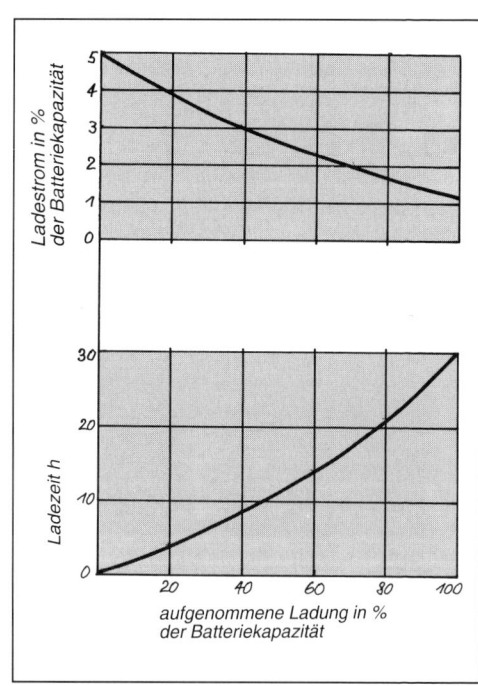

Das Diagramm zeigt, wie der Ladestrom abhängig ist von der bereits aufgenommenen Ladung, aber auch von der Batteriekapazität. Je größer die Batterie und je weniger Ladung sie bereits aufgenommen hat, desto größer der Ladestrom.

dann unter Berücksichtigung eines sogenannten Ladefaktors von 1,2 (also um 20 % mehr) wieder nachgeliefert werden. Rückverwandelt sich nämlich beim Laden in den Batterieplatten entstandenes Bleisulfat wegen ungenügender Ladung nicht vollständig, kristallisiert es und zerstört ebenfalls die Batterie. Solche sulfatierten Batterien können nur zum Teil durch dosiertes Laden und Entladen wieder aktiviert werden.

Spezielle Yacht-Batterien

Im Gegensatz zum reinen Starterbetrieb wird bei der Versorgung von Leuchten, Navigationsgeräten, Lüftermotoren etc. der Batterie über längere Zeit ein mittlerer Strom entnommen. Sie wird kapazitiv beansprucht, was bedeutet, große Teile ihrer Kapazität werden ausgenutzt.

Hatte man bei der herkömmlichen Batterie (die in erster Linie den Verbrennungsmotor starten, also für hohe Stromentnahme geeignet sein sollte) besonderen Wert auf eine große innere Oberfläche der aktiven Masse und hohe Plattenzahl mit großen geometrischen Abmessungen gelegt, so ist für Batterien für Langzeitentladung mehr die Menge der aktiven Masse wichtig.

Das hat zu Spezial-Batterien mit besonders dicken Platten geführt. Plattenmaterial und Scheider, die isolierenden Zwischenplatten, sind der kapazitiven Belastung angepaßt, um bei solcher regelmäßig abwechselnden Entlade- und Ladebeanspruchung eine hohe Lebensdauer zu erreichen.

Darüber hinaus gibt es Bootsbatterien mit einer patentierten Selen-Feinkornlegierung für die Plattengitter. Gegenüber herkömmlichen Batterien sollen sich dadurch die Batterie-Eigenschaften in bezug auf Lebensdauer und Wartung verbessern. Ebenfalls erhöht Selen die Überladesicherheit und verringert die Selbstentladung.

Andere Hersteller dagegen schwören auf spezielle Blei-Kalzium-Legierungen, die den Wartungskomfort erhöhen sollen. Kalzium beispielsweise bewirkt eine niedrigere Arbeitstemperatur der Batterie, die ihrerseits die Gasung und den Wasserverlust reduziert: Man braucht kaum noch Wasser nachzufüllen. Eine „stabilere Entladekurve" ist ein anderer Vorteil der Blei-Kalzium-Batterie. Man kann während der gesamten Entladezeit nahezu den vollen Nennstrom entnehmen. Der Wirkungsgrad beziehungsweise der Ladefaktor zeigt sich hier außerdem mit 1,15 geringfügig besser.

Ein großer Mangel bei der Installation herkömmlicher Fahrzeugbatterien waren ihre geringen Neigungswinkel, die auf Segelyachten am Wind stets überschritten wurden. Hier gibt es spezielle Bootsbatterien, denen das nichts ausmacht. Auslaufsichere Batterien, auf den Bootsbedarf zugeschnitten. Bis zu 50 Grad Kippwinkel sind heute auch bei Kapazitäten bis zu 240 Amperestunden kein Problem mehr. Bis 70 Amperestunden gibt es sogar Batterien, die noch bei 180 Grad Kippwinkel auslaufsicher sind.

Nicht nur kippsicher, sondern auch vom GL für den Bordbetrieb zugelassen, ist diese Kompaktbatterie.

Auch die Energie pro Gewichtseinheit ist vom Normalwert für Bleibatterien (etwa 25 Wattstunden pro Kilogramm (Wh/kg) auf 40 hochgeschraubt worden. Das bedeutet kleinere Baugröße bei gleicher Leistung. Während die Normal-Batterie noch 35 Kilogramm pro Kilowattstunde (kg/kWh) wiegt, bringen Spezial-Batterien nur noch 24 Kilogramm pro Kilowattstunde ins Schiff. Geschafft hat man das durch größere Plattenoberflächen, die außerdem immer enger zusammengebaut werden. Teilweise verzichten Batterie-Hersteller schon auf den nötigen Raum zwischen Platten und Gehäuseboden, der nötig ist, damit ausfallender Bleischlamm die Platten nicht kurzschließt. Mit porösen Trenntaschen umhüllte (positive) Platten machen es möglich, auch diesen Raum auszunutzen.

Das sind Fortschritte, dennoch ist die Bordbatterie nach wie vor das schwächste Glied in der Stromversorgungskette. Entnommene Energie muß immer noch schnellstmöglich nachgeladen werden, was auf Segelyachten in der Regel mit sporadischem Laufenlassen des Hilfsmotors verbunden ist. Unsachgemäße Behandlung bestrafen Batterien mit nicht wieder gut zu machender geringer Lebensdauer, wie kaum ein anderer Baustein der Yachtelektrik.

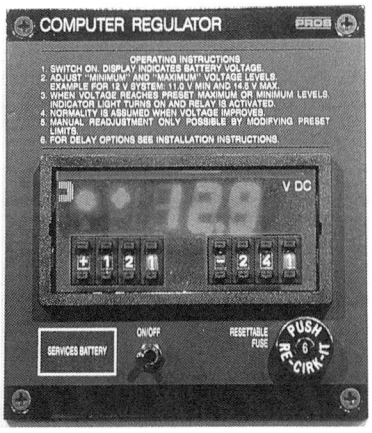

Spezielle Batterien benötigen auch spezielle Behandlung: Dieser rechnergesteuerte Spannungsregler überwacht Ladung und Entladung.

Batterien mit gebundener Säure (LF-Technik)

Um wenigstens das lästige Hantieren mit der Batteriesäure in den Griff zu bekommen, unternehmen Batteriehersteller Anstrengungen, die für eine Elektrolytfunktion nötige verdünnte Schwefelsäure zumindest zu binden, wie etwa Varta es mit seiner LF-Technik tut. LF ist die Abkürzung von Liquifix und steht für fixierte (gebundene) Flüssigkeit. Hier behält der Elektrolyt zwar seine flüssige Struktur, ist jedoch in einem saugfähigen Vlies gebunden. Mit sogenannten Microglasseparatoren, die zwischen den negativen und positiven Platten im Inneren der Batterie angeordnet werden und den Scheider herkömmlicher Batterien ersetzen (siehe Seite 59), hat man eine ohnehin nötige Isolationsmethode gefunden, die jetzt drei Funktionen erfüllt: Neben der Aufgabe als Isolator und Elektrolytbrücke absorbieren sie den flüssigen Elektrolyten völlig und ermöglichen darüber hinaus den Transport entstehenden Wasserstoffs von der positiven zur negativen Platte über Gaskanäle. Freibewegliches Elektrolyt ist jedenfalls nicht mehr vorhanden. Die sich daraus ergebenden Vorteile für den Betrieb solcher Batterien an Bord von Yachten liegen auf der Hand: LF-Batterien sind absolut kipp-, auslaufsicher und wartungsfrei. Wassernachfüllen entfällt durch ein integriertes Gasverzehrprinzip. Hinzu kommt eine sehr gute Zyklenfestigkeit, verbunden mit einer hohen Lebenserwartung, da die Elektroden in der Batterie fest von den Microglasseparatoren eingeschlossen werden. Ein Herausfallen von Bleimasse aus den Gittern wird weitgehend verhindert. Varta mobil-LF Batterien (so die Markt-Bezeichnung) sind für Antrieb und Beleuchtung geeignet (zyklische Beanspruchung), aber auch für Hochstrombelastung, eben als Starterbatterie.

Batterien mit festem Elektrolyt

Unter dem Produktnamen Dryfit offeriert die Firma Sonnenschein auch für Sportbootfahrer eine Bleibatterie, deren Elektrolyt aus einer festen Masse besteht. Verdünnte Schwefelsäure wurde in Kieselsäure festgelegt und erscheint als im Ruhezustand sich verfestigendes Gel. Ein weiterer Bestandteil ist Phosphorsäure, mit dem zusätzlichen Vorteil, daß ein Wiederaufladen nach Tiefenentladungen möglich ist. Einige für den Einsatz an Bord wichtige Eigenschaften sind damit automatisch gegeben. Diese, wenn man so will, Trockenbatterien können auch bei extremer Lage (180 Grad) betrieben werden, und dabei kann logischerweise kein Elektrolyt auslaufen. Hauptargument aber ist, daß diese Batterien Tie-

Gel-Batterie mit festem Elektrolyt, absolut auslaufsicher und zyklenfester als herkömmliche Batterien.

65

fenentladungen verkraften. Eine Blei-Säure-Batterie soll nie vollständig entladen werden – im Interesse einer hohen Lebensdauer; entnimmt man dagegen dieser Blei-Gel-Batterie die gesamte gespeicherte Energie (was immer einmal vorkommt, wenn eine Stromversorgung allein aus dem Bordakku erfolgt, eben beim Segeln), dann nimmt zumindest der Speicher keinen Schaden. Es reicht sogar aus, ihn erst nach vier Wochen wieder aufzuladen. Diese Eigenschaften prädestinieren einen Akku, an Bord eingesetzt zu werden.

Darüber hinaus zeigen Blei-Gel-Akkus sich auch in anderen Punkten seefester als herkömmliche Flüssigspeicher. Da ihre Gitterplatten jetzt von einer Masse umschlossen sind, ergibt sich ein deutlich besseres Schockverhalten gegenüber Gittern, die mehr oder weniger frei in der Säure hängen. Gleichzeitig erhöht sich die Zyklenzahl, die Anzahl der Ladungen und Entladungen während eines Batterielebens. Aktive Masse, die sich im Laufe des Betriebes in den Gittern lockert (weil beim Entladen entstehendes Bleisulfat mehr Raum beansprucht als Blei und Bleioxid) kann nicht mehr als Bleischlamm ausbrechen. Aus gleichem Grund ist es beim Dryfit-System möglich, auf den Antimonzusatz in der Bleigitter-Legierung zu verzichten. Antimon, zur Festigkeitserhöhung der Gitter verwendet, erhöht gleichzeitig auch die Gasung der Batterie während ihres Betriebes. Bei alten Batterien kommt es gar zur sogenannten Antimonvergiftung: Antimon wandert in die aktive Masse der negativen Platten, die dadurch immer mehr Wasserstoffgas entwickeln. In den Gel-Batterien hat man Antimon durch Kalzium ersetzt (wie es andere Batteriehersteller zum Teil ebenfalls tun, indessen nicht umfassend: Kalzium-Blei-Legierungen sind schwieriger zu handhaben). Die Folge ist: Es gibt nur geringe Gasentwicklung. Diese Tatsache in Verbindung mit einer Rückführung des Restgases zu Wasser, über ein ausgeklügeltes Labyrinth an der Oberseite des Batteriegehäuses, macht diesen Batterietyp wartungsfrei. Verschlüsse zum Wassernachfüllen gibt es deshalb nicht mehr. Damit können Dryfit-Batterien überall, ohne extra Gehäuse, eingebaut werden. Ätzende Säurenebel entfallen ebenfalls. Lediglich ein Sicherheitsventil gibt es noch, durch das bei extremer Ladung entstehender Überdruck abgebaut wird.

Die Nickel-Cadmium-Batterie

Akkumulatoren mit Nickel-Cadmium-Zellen sind eigentlich nur für Leute, die nicht auf Häfen mit Ersatzausrüstung zurückgreifen können. Sie haben großen Raumbedarf und einen schlechteren Ladefaktor (1,4). Das und ihr hoher Preis sind prägnante Nachteile. Ihre Vorteile, wie Unempfindlichkeit gegen Überlastung, völlige Entladung und Erschütterungen und nicht zuletzt ihre hohe Lebenserwartung (zehn Jahre gegen drei Jahre Lebensdauer der Bleibatterie) konnten dennoch die Bleibatterien nicht verdrängen. Als aktive Masse wird im sogenannten Stahl-Akku für die positive Elektrode Nickelhydroxid und für die negative Cadmium verwandt. In Bordbatterien sitzen die Zellen in siebartigen Taschen. Verdünnte Kalilauge dient als Elektrolyt, wobei die Spannung einer Zelle (nur) 1,2 Volt beträgt. Beim Entladen verbindet sich die aktive Masse der negativen mit dem Sauerstoff der positiven Platte. Die Elektrolytdichte steigt jedoch nur leicht an (und ist somit kein zu messendes Kriterium für einen Ladezustand), da nur wenig Wasser durch Oxidation der negativen Platten verbraucht wird. Bei der Ladung verlaufen die chemischen Vorgänge dementsprechend umgekehrt. Die Spannung einer geladenen Zelle beträgt 1,7 Volt, die Gasungsspannung 1,5 Volt und die Laugendichte 1,17 kg/l.

Da die positiven Platten im allgemeinen direkt an den aus vernickeltem Blech bestehenden Kästen anliegen, sind für den Bordgebrauch nur solche mit Isolierumkleidung aus Kunststoff zu verwenden.

Bordbatterie-Systeme

Die Ladung von nur einer Batterie bereitet an Bord keine Schwierigkeiten. Sowie der Motor läuft, wird Strom in die Batterie geladen – automatisch und ohne Probleme. Der Motorenhersteller hat bereits sämtliche dazu nötige Installationen am Motor vorgesehen, denn ein solches Ein-Batterien-System ist Bestandteil der Motorinstallation und die Energiequelle

Gegenüberstellung von Blei- und Stahlakku		
	Blei-Akkumulator	**Ni-Cd-Akkumulator**
Zellenspannung Bauform	2,0 V in 6 V- oder 12 V-Blöcken	1,2 V 5 oder 10 Zellen in Trägern zusammengefaßt
Kapazität Elektrolyt	von 40 bis 240 Ah Schwefelsäure 1,28 kg/l	7,5 bis 650 Ah Kalilauge 1,17 kg/l
Elektrolytdichte	verringert sich beim Entladen, erhöht sich beim Laden	bleibt annähernd konstant
Elektrolytwechsel	nicht erforderlich	etwa alle 1 bis 5 Jahre
Kapazitätsänderung	1 % je 1° C Temperatur- änderung	0,6 % je 1° C
Temperaturbereich	−30° C bis +55° C	−30° C bis +45° C
Gasungsspannung	2,4 V/Zelle	1,5 V/Zelle
Selbstentladung	muß spätestens nach 6 Monaten ausgeglichen werden	Ausgleich auch nach langer Standzeit nicht erforderlich
Ladefaktor	1,1 bis 1,2	1,4
Raumbedarf	12 l/kWh	19 l/kWh
Gewicht	35 kg/kWh	40 kg/kWh
Lebensdauer	3 bis 4 Jahre	10 Jahre und mehr

zum Starten des Verbrennungsmotors. Was Werft und Bootseigner an sonstigen Verbrauchern auf die Starterbatterie schalten, ist nicht kalkuliert und damit oft der Anfang aller elektrischen Störungen an Bord. Jeder Eigner und Skipper erreicht einmal diesen Punkt, und in der Regel erfolgt dann eine Erweiterung des elektrischen Systems und seines Stromspeichers. Die jetzt auftauchende Schwierigkeit ist die weiterhin problemlose Versorgung der Batterie oder Batterien mit Strom.

Bei einer Vergrößerung kann man davon ausgehen, daß die serienmäßig eingebaute Drehstrom-Lichtmaschine ausreichend Ladestrom liefern kann für eine Verdoppelung oder auch Verdreifachung der vorhandenen Batteriekapazität. Jede Bordbatterie benötigt einen Ladestrom, dessen Zahlenwert ungefähr einem Zehntel seiner Kapazität gleichkommt. Mit einem 37-Ampere-Generator ist es also noch möglich, eine Bordbatterie mit einer Kapazität von 370 Amperestunden ausreichend zu laden.

Schaltet man nun zu der vorhandenen Bordbatterie eine zweite parallel, dann hat man lediglich die Kapazität erhöht, man fährt weiterhin ein Ein-Batterie-System. Solche Anlagen haben keinen Komfort. Bordnetz- und Starteranlage werden von derselben Batterie gespeist. Auf einen Kühlschrank und elektrische Pumpen sollte verzichtet werden zugunsten einer funktionsfähigen Startanlage und starker Positionslaternen, die auch nach einer durchsegelten Nacht noch mit Strom versorgt werden müssen. Es ist immer von Vorteil, eine Erweiterung der Kapazität mit einer gleichzeitigen Trennung von Start- und Bordnetz-System zu verbinden. Eine gute und inzwischen weit verbreitete Methode ist die Separierung zweier Batterien mit einem Diodenverteiler. Dioden sind Halbleiter, die den Strom, einem Rückschlagventil gleich, nur in einer Richtung durchlassen und, richtig in die Ladeleitung eingebaut, eine gleichzeitige Ladung beider Batterien vom Bordgenerator zulassen. Bei der Entladung jedoch, wenn der Strom in entgegengesetzter Richtung fließt, trennen sie beide Batterien. Die Nachteile von Diodenverteilern sind inzwischen bekannt: Auch in Durchlaßrichtung tritt an ihren Anschlüssen ein Spannungsabfall auf, der groß genug ist, eine Volladung der Batterie zu verhindern. Durch geeignete Schaltungen kann man den Spannungsabfall jedoch kompensieren, so daß Diodenverteiler eine gute Alternative für eine Ladung eines Zwei-Batterien-Systems mit nur einem Generator bilden. Oft ist es auch möglich, sich einen Generatorregler zu beschaffen, der von vornherein auf einen dem Spannungsabfall entsprechenden höheren Wert eingestellt wird.

Der Vorteil dieses Systems liegt auf der Hand. Selbst so permanente Stromverbraucher wie der Kühlschrank legen auch bei längeren Hafenliegezeiten die Spannungsversorgung nicht lahm. Ist Batterie II leergefah-

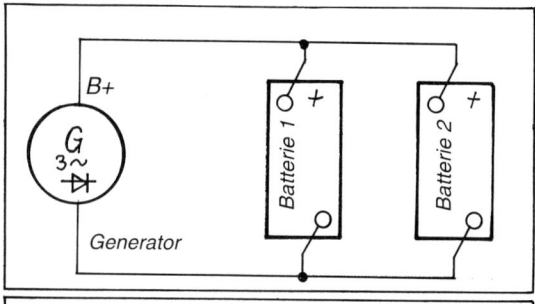

Einfache Parallella-dung von zwei gleich-großen Batterien: Es wurde lediglich die Kapazität verdoppelt.

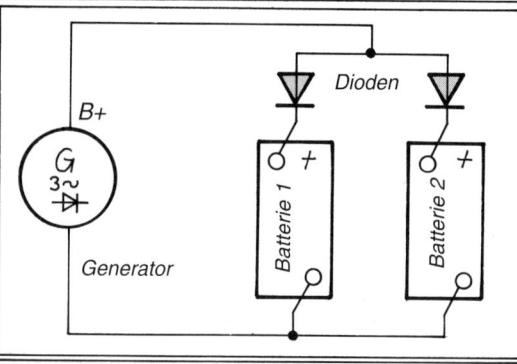

Eine Parallelladung über einen Diodenver-teiler trennt die Batte-rien in zwei Systeme.

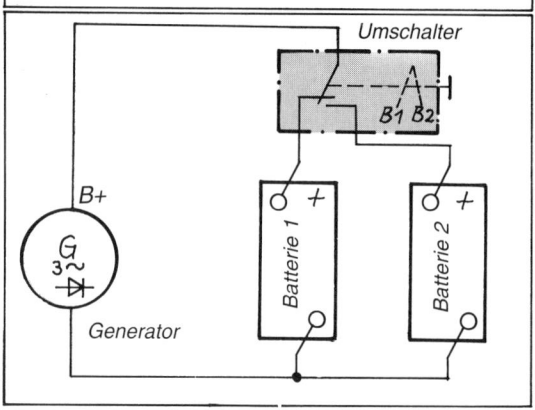

Mit einem Umschalter wird der Generator für eine Ladung nacheinander auf die Batterie 1 oder 2 geschaltet. Ein Schal-ter mit sich über-schneidenden Kon-takten ist nötig.

*Ein elektronisches Batterieüberwa-
chungssystem stellt sicher, daß jede
Batterie auch richtig geladen wird.*

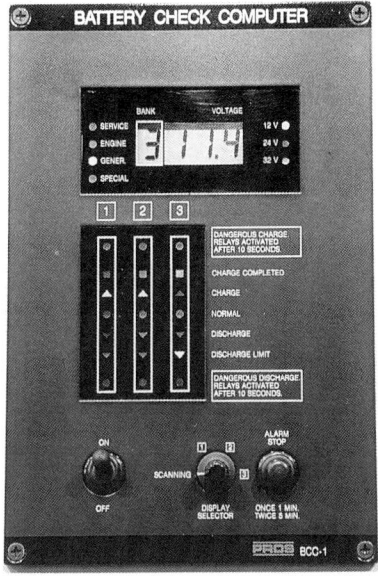

ren, wird der Motor mit Batterie I (Starterbatterie) angelassen und so
beide Batterien wieder aufgeladen. Eine geringstmögliche Durchlaß-
spannung ist aber trotz Kompensation und höherer Ladespannung dennoch anzustreben. Da Drehstrom-Generatoren empfindlich auf Spannungsspitzen reagieren, muß die dämpfende Wirkung der Batterie immer
vorhanden sein. Sie ist es nicht, wenn der Durchlaß-Widerstand der Dioden zu groß ist (und die Ladeleitungen zu dünn ausgeführt werden).

Man kann beide Batterien auch nacheinander mit Strom versorgen.
Diese Ausführung ist sehr oft an Bord zu finden, in der meist irrigen
Annahme, der Generator wäre für eine gleichzeitige Ladung beider Batte-
rien zu klein.

Bei dieser Ladung „von Hand" ist außer, daß irgendwann einmal auf die
zweite Batterie umgeschaltet werden muß, mehr zu bedenken. Ein unge-

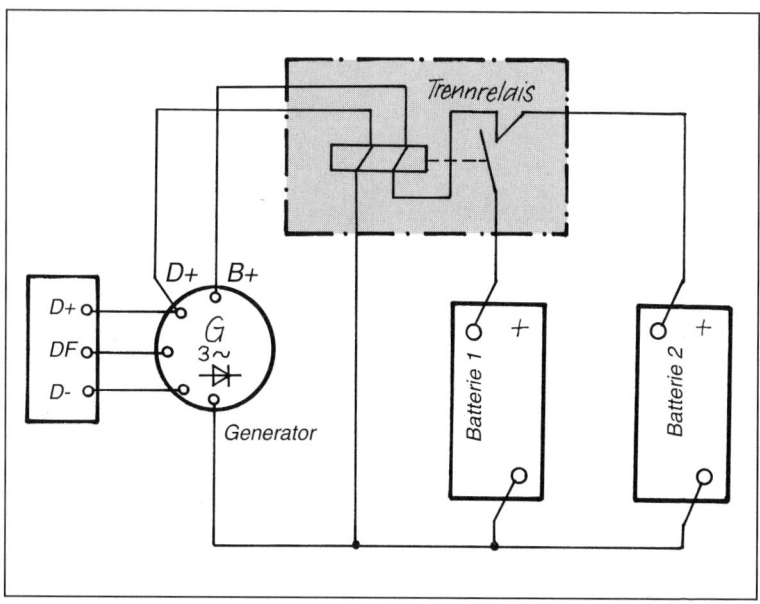

Ein Batterie-Trennrelais sichert eine gemeinsame Batterieladung, trennt jedoch wenn entladen wird. Das Relais wird angesteuert von D+ des Generators.

schützter Drehstromgenerator sollte bei laufendem Motor nicht von der Batterie getrennt werden. Das hängt wiederum mit den Spannungsspitzen zusammen, die seine Dioden nicht vertragen. Will man also nicht jedesmal den Motor abstellen beim Umschalten, dann ist ein spezieller Ladeumschalter nötig, der Batterie I erst wegschaltet, wenn Batterie II auf Ladung geschaltet ist. Solche Schalter sind mit „sich überschneidenden Kontakten" ausgerüstet. Bei dieser Art des Stromnachfüllens sollte zu dem Zeitpunkt umgeschaltet werden, wo die Batterie voll ist, damit sofort danach die zweite geladen wird. Der Einbau einer Zenerdiode zwischen Generator B+ und B− ist dennoch anzuraten. Sie schützt die Generatorelektronik.

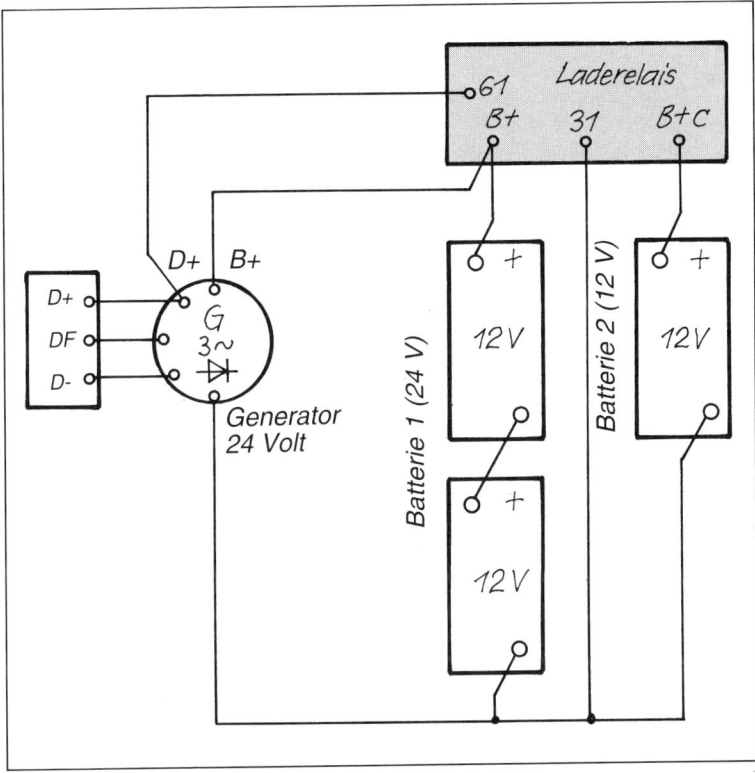

Besondere Laderelais ermöglichen die gemeinsame Ladung einer 24-V-Batterie und einer 12-V-Starterbatterie. Das wird nötig, wenn ein Bordnetz auf 24 V umgestellt wird, die Starteranlage jedoch weiter mit 12 V betrieben werden soll.

Man kann eine Umschaltung auch automatisch vornehmen, indem man statt des Handumschalters ein Batterie-Trennrelais einsetzt. Es besitzt eine Strom- und eine Spannungswicklung, die zusammen funktionieren, wenn der Generator seine Einschaltdrehzahl erreicht hat. Bei Beginn der

Fortsetzung Seite 78 →

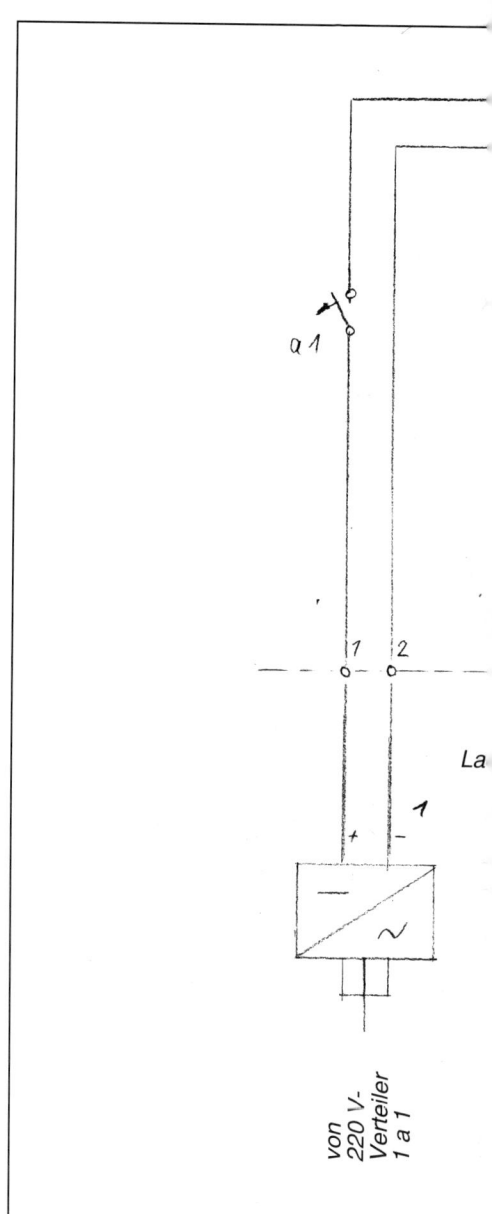

Das Schaltbild zeigt die Erweiterung einer 12-V-Anlage auf 24 V. Der 28-V-Generator lädt auch die Starterbatterie. Das elektronische Laderelais macht es möglich.

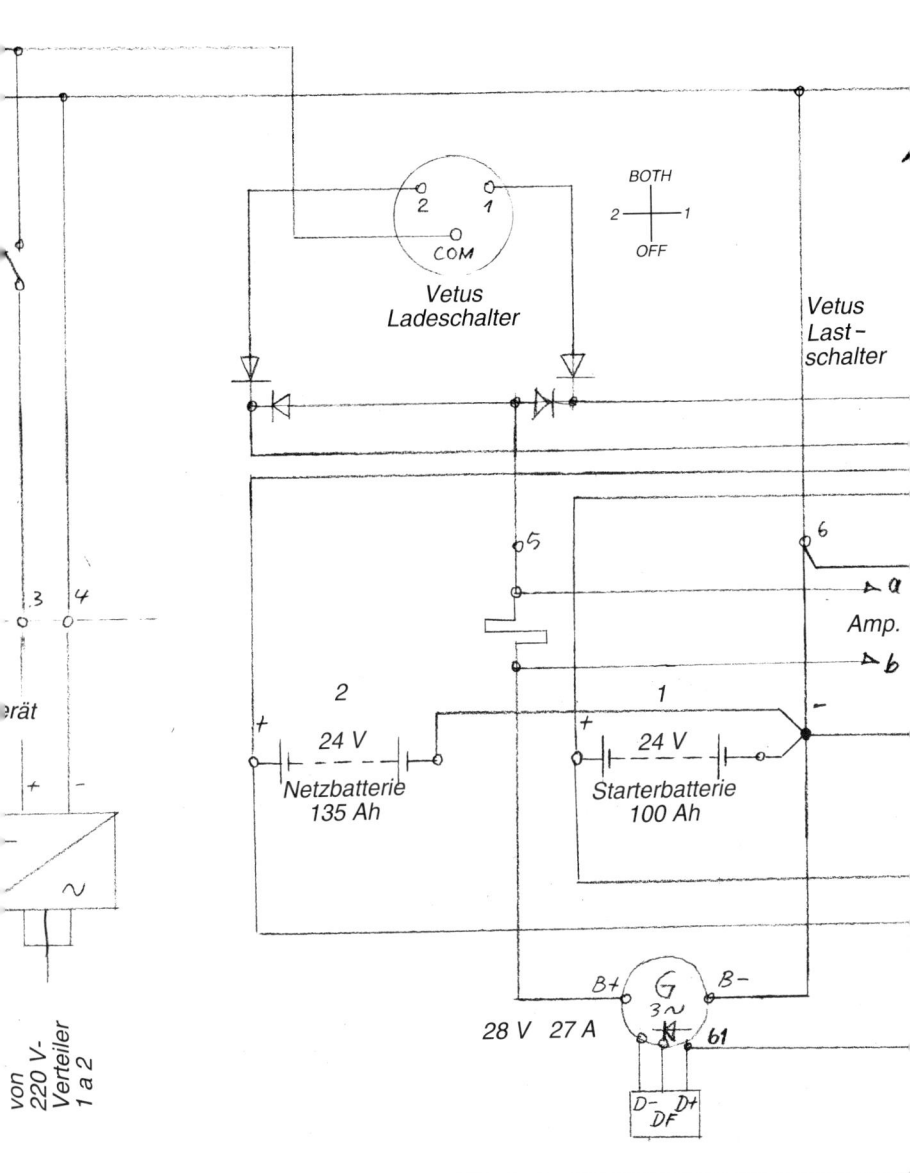

BOTH

2 ─┼─ 1

OFF

Vetus
Ladeschalter

Vetus
Last-
schalter

2   1
COM

5

6

a

Amp.

b

3   4

2   1

+   24 V   +   24 V

Netzbatterie   Starterbatterie
135 Ah   100 Ah

erät

von
220 V-
Verteiler
1 a 2

B+   G   B-
     3∿

28 V   27 A   61

D-   D+
  DF

Fortsetzung Seite 76–77 →

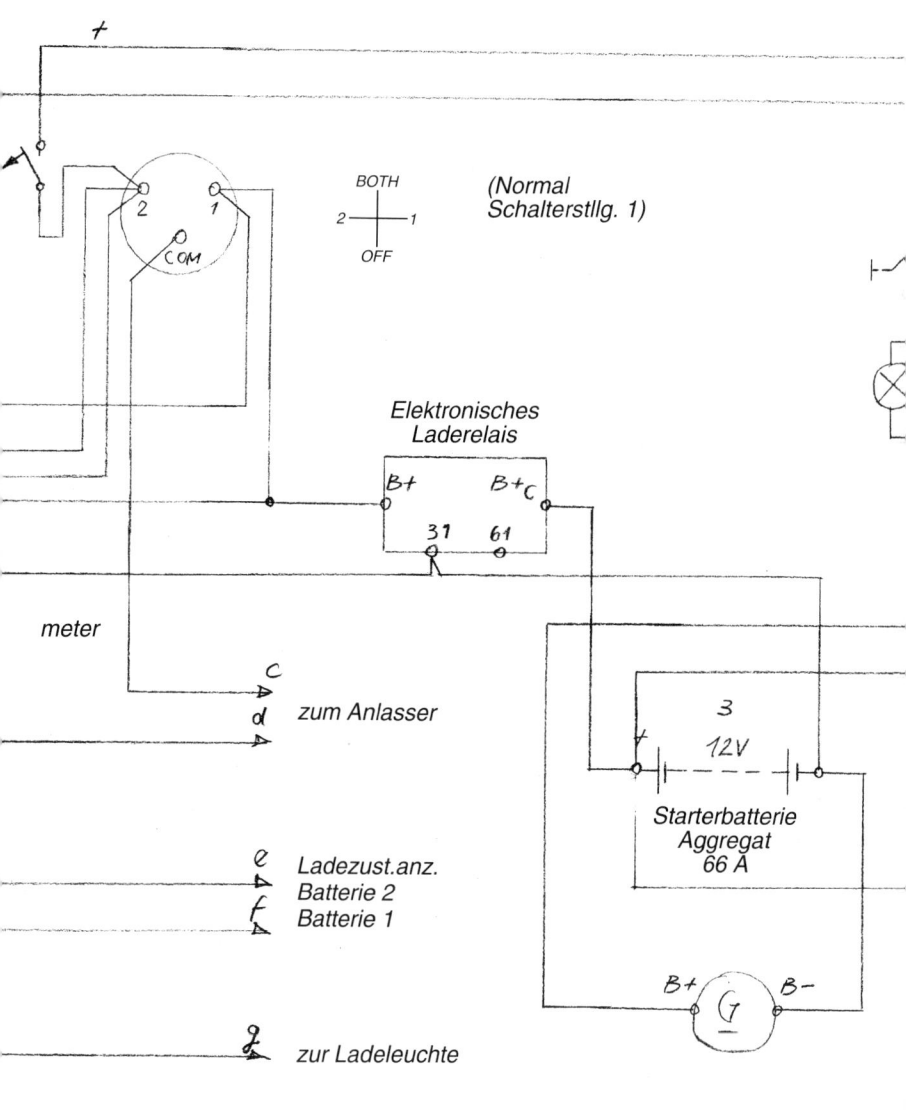

+

BOTH

2 —— 1

OFF

(Normal
Schalterstllg. 1)

2   1

COM

Elektronisches
Laderelais

B+   B+C

31   61

meter

C
d   zum Anlasser

3
12V

Starterbatterie
Aggregat
66 A

e   Ladezust.anz.
Batterie 2
Batterie 1

B+   G   B-

g   zur Ladeleuchte

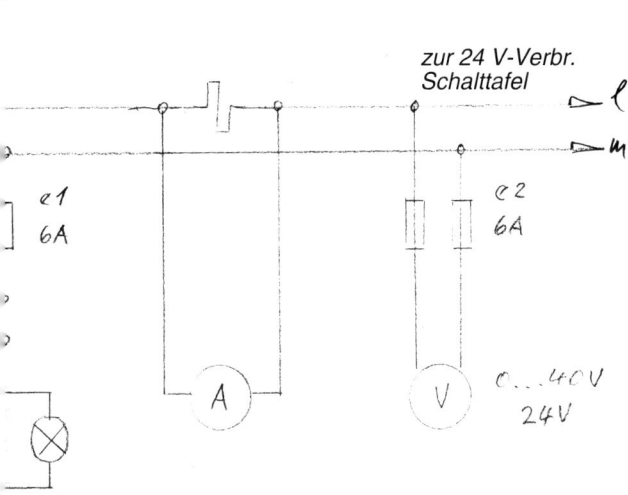

zur 24 V-Verbr.
Schalttafel

e1
6A

e2
6A

A

V 0...40 V
24 V

Amperemeter

Ladezust.anz.
Batterie 3

Stromabgabe zieht die Spannungswicklung unterstützt durch die Strom-wicklung an: Beide Batterien werden parallel geschaltet. Geht die Dreh-zahl zurück, öffnet das Relais. Der Rückstrom von der Batterie erzeugt dabei in der Stromwicklung ein Gegenfeld, und das Magnetfeld der Span-nungswicklung wird geschwächt. Die Kontakte des Relais machen dadurch sehr schnell auf, so daß sie kaum verschmoren. Batterie-Trenn-relais können im Dauerbetrieb bis zu 40 Ampere schalten.

Eine grundlegendere Änderung des Bordnetzes, als sie die vorangegan-genen Beispiele zeigen, ist die gleichzeitige Erhöhung der Bordnetzspan-nung von 12 auf 24 Volt bei Hinzukommen einer zweiten Batterie gleicher Größe. Das ist eigentlich kein besonderes Problem, da es alle elektri-schen Verbraucher an Bord auch für 24 Volt gibt. Elektronische Geräte arbeiten oft mit Spannungen von 9 bis 32 Volt. Eine Schwierigkeit liegt jedoch in der Startanlage, deren Anlasser (und Glühkerzen) nicht für jeden Motor für 24 Volt zu haben ist. Ein Umbau ist schwierig und mit Kosten verbunden. Dennoch braucht man nicht auf die Vorteile eines 24-Volt-Netzes zu verzichten. Ein elektronisches Laderelais, wie es die Fir-men Bosch und Lucas anbieten, schafft da Abhilfe.

Man rüstet also das Bordnetz in ein 24-Volt-System um und läßt die Start-anlage am 12-Volt-System. Von der 24-Volt-Ladung des Hauptsystems nimmt das elektronische Laderelais automatisch die Ladespannung für die Starterbatterie ab. Es regelt ähnlich wie der Spannungsregler des Generators die Spannung auf 14,5 Volt herunter und ist in der Lage, einen ausreichenden Ladestrom zu liefern, vorausgesetzt, der 24-Volt-Genera-tor besitzt eine Leistungsreserve von 10 Ampere. Gleichzeitig begrenzt das Relais den Ladestrom auf 2 Ampere, so daß die Gasungsspannung nicht überschritten wird.

Batterie-Ladung

Bei der Ladung wird der Batterie elektrische Energie zugeführt, die sie als chemische Energie speichert. Der Ladevorgang wird von einer geeigneten Spannungsquelle (Generator, Ladegerät) erzwungen, das heißt, ein Generator saugt von den Plus-Elektroden der Batterie Elektronen ab und „pumpt" sie über einen äußeren Stromkreis zur Minus-Elektrode. Dazu werden der Pluspol des Generators mit dem Plus der Batterie (+) verbunden und der Generator-Minus mit dem Minuspol (−) der Batterie. Die chemischen Vorgänge innerhalb der Platten sollen in diesem Zusammenhang weniger interessieren. Was sich bei der Ladung jedoch an den Batterie-Polen an Meßbarem einstellt, gehört in dieses Kapitel. Wie bereits

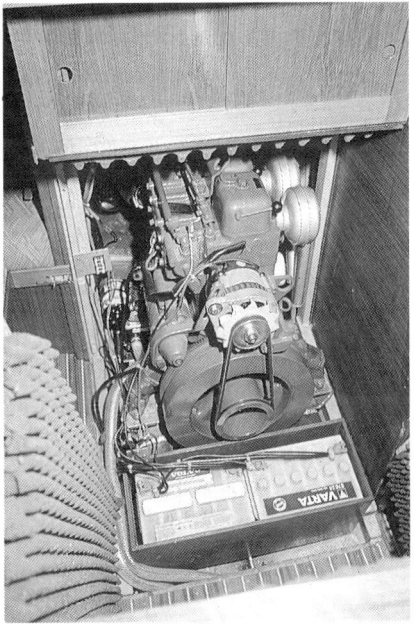

An Bord ist der Drehstromgenerator die Batterieladequelle Nummer Eins. Über Keilriemen vom Schiffsmotor angetrieben, versorgt er zudem das gesamte elektrische Netz. Die Batterien fungieren dabei als Puffer für Strom- und Spannungsspitzen. Ihr Einbau in der Nähe von Anlasser und Generator erspart die Verwendung besonders dicker Kabel.

gesagt, beträgt die Nennspannung einer Bleiakkumulator-Zelle 2 Volt. Wichtiger aber sind Spannungswerte, die eine konkrete Aussage über den Ladezustand dieser an Bord von Yachten vorwiegend eingesetzten Zellen machen.

Entladeschlußspannung
Sie ist die Spannung, bis zu der eine Bleizelle entladen werden darf. Spätestens jetzt muß nachgeladen werden. Sie beträgt 1,75 Volt (bei Entladung mit dem 20stündigen Entladestrom).

Gasungsspannung
Oberhalb dieser Spannung beginnt der Akku deutlich zu gasen. Regler von Generatoren und geregelte Ladegeräte sind so eingestellt, daß diese Spannung (2,40 bis 2,45 Volt je Zelle) nicht überschritten wird.

Ruhespannung
Sie ist die an den offenen Polen einer Batterie gemessene Spannung, die nach Abschalten des Lade- (oder Entlade-)Stromes einen Beharrungswert erreicht. Ihre Höhe hängt ab von der Dichte des Elektrolyten, der Schwefelsäure. Über den Wert 0,84 steht die Ruhespannung in fester Relation zur Dichte. Bei einer Säuredichte von 1,28 Kilogramm pro Liter beträgt ihr Zahlenwert (1,28 + 0,84) 2,12 Volt (geladene Batterie).

Ladeschlußspannung
Die Spannung, die sich am Ende der Ladung, wenn Säuredichte und Spannung nicht mehr steigen, einstellt. Sie beträgt je nach Batterietyp 2,45 . . . 2,5 Volt je Zelle.

Ladespannung
Sie hängt ab vom Ladezustand der Batterie, vom Ladestrom und von der Temperatur der Schwefelsäure und ist in jedem Fall höher als die Ruhespannung.
Für die Bestimmung des Ladezustandes einer Bleibatterie für unsere Klimazonen ergibt sich damit nachstehende Tabelle:

| Batteriezustand | Spannung | Dichte |
| | bei 20° C | |
	(V)	(kg/l)
entladen	1,96	1,12
halbentladen	2,04	1,20
vollgeladen	2,12	1,28

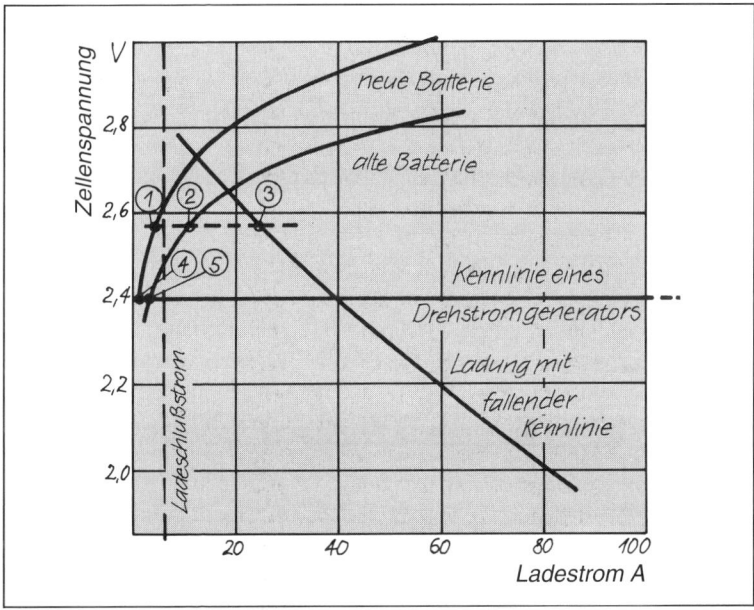

Das Diagramm zeigt die Kennlinien einer neuen und einer alten Batterie. Sollen beide von einem Stromerzeuger geladen werden, dann funktioniert das nur mit der IU-Kennlinie des Drehstromgenerators. Der Ladeschlußstrom (4) und (5) ist annähernd gleich groß. Mit einer fallenden Kennlinie, wie sie nur einfache Lade-geräte besitzen, ist das nicht der Fall (1), (2) und (3). Hier fängt die alte Batterie sehr viel schneller an zu gasen als die neue.

Beim Laden (und Entladen) wird die aktive Masse der Platten auch mechanisch beeinflußt: Der Raumbedarf des beim Entladen entstehenden Bleisulfats ist größer als der von Blei und Bleidioxid. Dadurch verliert sie im Laufe der Zeit immer mehr an Festigkeit. Grundsätzlich sollten deshalb auch Tiefentladungen vermieden und entladene Batterien sofort wieder aufgeladen werden. Häufiges Überladen dagegen hat, wegen der aggressiver werdenden Säure, eine erhöhte Korrosion der Bleigitter zur Folge.

Eine unbenutzte Batterie entlädt sich durch Selbstentladung. Das ist besonders stark ausgeprägt bei älteren Batterien. Eine Bordbatterie sollte deshalb, auch wenn ihr nur wenig Strom entnommen wurde, sporadisch alle 4 Wochen geladen werden.

Eine Batterie entsteht erst aus der Zusammenschaltung mehrerer Zellen. Durch In-Reihe-Schalten (dabei wird der Pluspol der ersten Zelle mit dem Minuspol der zweiten Zelle und so weiter verbunden) kommt man auf die an Bord benötigten Spannungen. So gehören zu einer 12-Volt-Bleibatterie sechs Zellen (Spannung 2 Volt), zu einer 12-Volt-Nickel-Cadmiumbatterie jedoch 10 Zellen, da hier die Zellenspannung lediglich 1,2 Volt beträgt. Batteriehersteller schalten die Zellen zu Blöcken zusammen, so daß man für kleine Kapazitäten schon fertige Batterien bekommt. Blei- wie NiCd-Batterien gibt es in 6- und 12-Volt-Einheiten, wobei NiCd-Zellen in fünf- und zehnzelligen Trägern zusammenfaßt sind. Nun kann man aber selbst seiner Batterie die richtige Bauform geben, indem man beispielsweise zwei 6-Volt-Blöcke zu einer 12-Volt-Bordbatterie zusammenschließt oder zwei 12-Volt-Blöcke zur Spannungserhöhung des Bordnetzes auf 24 Volt. Auch hier wird der Plus des ersten Blocks auf den Minus des zweiten Blocks geschaltet und die Gesamtspannung an den verbleibenden freien Polen abgenommen. Die Stromentnahme bei gleicher Leistung der jedoch für die (neue) höhere Spannung ausgelegten Verbraucher verringert sich so um die Hälfte. Bei gleichbleibender Batteriekapazität erhöht sich damit die Betriebszeit. Für eine Reihenschaltung sollten Batterieblöcke gleicher Bauart und Kapazität sowie gleicher Säuredichte und gleichen Herstellungsdatums (in vollgeladenem Zustand am besten) verwendet werden.

Schaltung von Batterieblöcken: Die Reihenschaltung (1) verdoppelt die Spannung; die Parallelschaltung (2) verdoppelt dagegen die Kapazität.

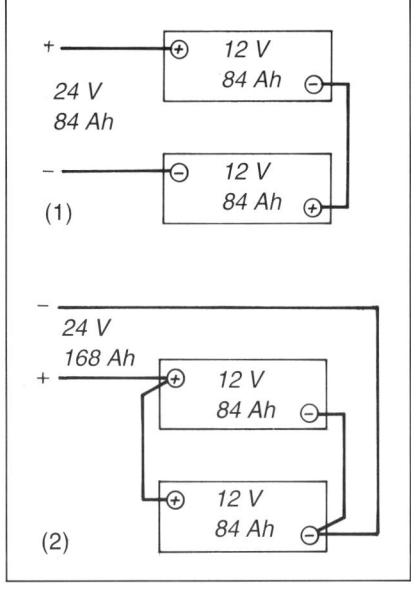

Zur Kapazitätserhöhung kann man solche Einheiten aber auch parallel schalten. Dazu werden Pluspol mit Pluspol und Minuspol mit Minuspol verbunden. Hier gibt es jedoch einiges zu bedenken, so daß man in der Praxis Parallelschaltungen seltener ausführt (um nicht mit großen Blöcken herumhantieren zu müssen, ist es aber praktisch). Schon geringfügige ungleiche Ladungen führen zu Ausgleichsströmen zwischen den Batterien und zu ungleicher Belastung, was für ihre Lebensdauer nicht unbedingt gut ist, da vorhandene Kapazität nicht optimal genutzt wird. Es gilt daher, nur Batterien gleicher Spannung und Säuredichte, am besten in völlig entladenem Zustand, zusammenzuschalten. Bauart und Kapazität können unterschiedlich sein, wichtig sind aber exakt bemessene Verbindungsleitungen (Brücken) hinsichtlich Länge und Querschnitt, um Spannungsdifferenzen zwischen gleichnamigen Polen auszuschalten.

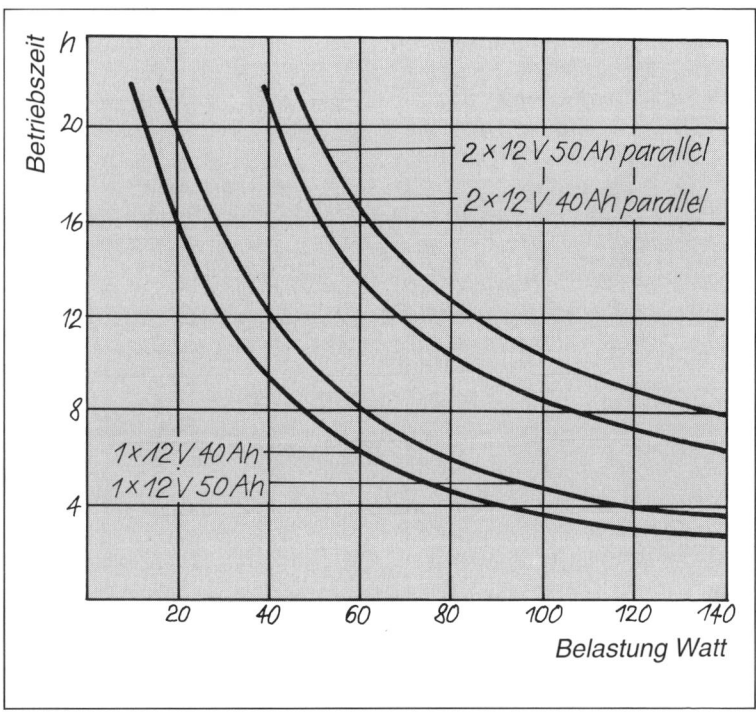

Das Diagramm zeigt die Verdoppelung der Batteriekapazität. Die Betriebszeit eines Gerätes indes erhöht sich auf um mehr als das Zweifache, da der entnommene Strom bezogen auf die Gesamtkapazität die Batterie geringer belastet.

Ladung und Stromentnahme sollten deshalb auch diagonal vorgenommen werden.

Auf diese Weise kann man durch kombinierte Reihen- und Parallelschaltung zu seiner individuellen, den Bordgegebenheiten angepaßten Batterie kommen. Spannungsabgriffe sind jetzt durch die offenliegenden Pole wohl möglich geworden, etwa 6 Volt bei einer aus zwei 6-Volt-Batterien entstandenen 12-Volt-Batterie, sie müssen aber in jedem Fall vermieden werden.

In Verbindung mit der Schaltung von Batterien noch einige Bemerkungen zu ihrer Ladung, die ergänzend gesehen werden können zum Kapitel „Ladegeräte":

Man muß vermeiden, Batterien in Reihenschaltung (24 V) zu laden und parallel (12 V) zu entladen, da das auf die Lebensdauer der Batterie geht, wozu man sich vor Augen halten muß, daß

1. das Alter der Batterien meist unterschiedlich sein wird,

2. der innere Widerstand der Zellen der einzelnen Batterien durch unterschiedliche Sulfation, unterschiedliche Elektrolytdichte und -temperatur und durch ungleiche Entladezustände etc. voneinander abweichen wird,

3. der äußere Widerstand der Zellen durch unterschiedlichen Kontaktdruck und Oxydation der Zellenverbindungen, sowie durch verschiedene Leitungslängen unterschiedlich sein wird.

Lädt man Batterien, die Punkt 1, 2 und 3 entsprechen, parallel, so verteilt sich der vom Generator gelieferte Strom nach den Widerständen und Gegenspannungen der Batterien. Gleichzeitig steht an jeder Zelle eine aus ihrem Innenwiderstand und dem Teilstrom resultierende Spannung, die, da die Gesamt-Ladespannung aus der Summe der Teilströme bestimmt wird, nicht die Gasungsspannung überschreitet. Man kann also bedenkenlos parallel laden.

Schaltet man aber die Batterien in Reihe und lädt sie jetzt, so stellen sich ganz andere Verhältnisse ein.

In einer Reihenschaltung ist der Ladestrom konstant und abhängig von der Summe der unterschiedlichen inneren und äußeren Widerstände der einzelnen Zellen. Die Spannung an jeder Zelle ergibt sich aus dem Gesamtladestrom und den einzelnen Widerständen. So kann eine (sulfatierte) Zelle schon gasen, während eine andere (noch fast leere Zelle) die Gasungsspannung noch lange nicht erreicht hat.

Von einer Ladung einzelner Batterien hintereinander ist somit unbedingt abzuraten. Den gleichen Effekt hat man übrigens auch, wenn man von einem Batterieblock verschiedene Spannungen abnimmt.

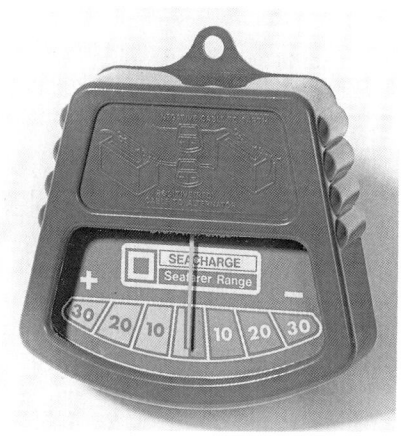

Einfaches Meßgerät zur Feststellung eines Batteriestromes: Mit Hilfe einer Klammer wird das Gerät lediglich über die isolierte Leitung gesteckt.

Der Bordgenerator

Jeder Bootsmotor ist heute mit einem Generator ausgerüstet, der über Keilriemen angetrieben nach Starten des Motors und Erreichen einer Mindest-Generatordrehzahl Strom abgibt. Drehstromgeneratoren mit einer Leistung von 490 Watt (Ladestrom bei 14 Volt bis zu 35 Ampere) sind dabei die Regel für den Hilfsmotor von Segelyachten. Jedoch findet man auch Generatoren von 125 Ampere und mehr. Die Grenze nach unten bilden sogenannte Lichtspulen, wie sie Außenbord-Motoren haben, mit Leistungen von 60 Watt und Ladeströmen bis zu 4 Ampere. Während Generatoren durch einen Regler in der Leistungsabgabe gesteuert werden, um eine Überladung der Batterien zu verhindern, sind Lichtspulen kleine Wechselstromerzeuger mit nachgeschalteter Diode für eine grobe Gleichrichtung ohne jede Regelung. Doch geregelte Generatoren kommen selten auf die großen Ladeströme, die sie laut Typenschild in der Lage sind zu erzeugen. Der mittlere Ladestrom einer 35-Ampere-Lichtmaschine liegt abhängig von Motorendrehzahl und Batte-

Moderne Bordgeneratoren besitzen oft einen integrierten Spannungsregler, der wie hier hinten am Gehäuse sitzt. Gut zu sehen: die Anschlußklemmen.

rie-Ladezustand lediglich zwischen 20 und 25 Ampere, und das auch nur zu Anfang jeder Ladung, da sich der tatsächliche Ladestrom mit der voller werdenden Batterie verringert. Das aber muß in jedem Fall bei der Kalkulation einer Nachladung berücksichtigt werden. Der Ladestrom, den eine Batterie zuläßt, hängt außerdem von ihrer Größe ab, ihrer Kapazität also. Generatoren sind so geregelt, daß sie eine bestimmte Spannung nicht überschreiten. Diese Begrenzung ist für die Batterie von Bedeutung, denn mit 14,4 Volt erreicht eine 12-Volt-Batterie ihre kritische Gasungsspannung. (Effektiver für eine Langzeitladung wäre, die Spannung auf nur 13,8 Volt zu regeln, 0,1 Volt je Zelle unter der stark einsetzenden Gasung. Das jedoch würde den Ladestrom für ein schnelles Nachladen weiter verringern.)

Eine Batterie setzt dem Ladestrom einen bestimmten Widerstand entgegen, der sich aus verschiedenen Teilwiderständen ergibt, im wesentlichen aber aus dem Übergangswiderstand zwischen Platten und Elektrolyt, dem Widerstand, den die Elektroden dem Elektronenstrom bieten, und dem Widerstand, den der Elektrolyt dem Ionenstrom entgegensetzt. Während des Ladens erhöht sich die Spannung um den Spannungsverlust durch diesen Innenwiderstand. (Beim Entladen wirkt dieser Widerstand umgekehrt, die Spannung an den Polen sinkt ab.) Die Ladespannung sollte jedoch die Gasungsspannung nicht überschreiten, wegen der starken Gasentwicklung, die im Extremfall die Batterieplatten zerstören kann, auf jeden Fall aber anzeigt, daß ohnehin nur ein Teil des Ladestromes als chemische Energie in den Platten gespeichert wird.

Messungen an einer Batterie (85 Amperestunden) haben gezeigt, daß erst ab einer Batteriespannung von 13,3 Volt ganz geringe Gasmengen entstehen. Bei Spannungserhöhung steigt die Gasentwicklung sprunghaft an, um ab 14,4 Volt eine kritische Phase zu erreichen. Es entsteht ein Gemisch aus Wasserstoff und Sauerstoff, das im Verhältnis 2:1 das hochexplosive Knallgas ergibt. Dieses Gas wird aus dem Wasser der Batterie erzeugt und verursacht somit einen entsprechenden Wasserverlust. Die Bildung von 0,001 Kubikmeter Gas aus 0,5 Gramm Wasser zeigt gleichzeitig, wie wichtig es ist, die Batterie an gut belüfteter Stelle im Schiff einzubauen.

Selbst bei einer Spannung von 14,4 Volt hat eine Bleibatterie erst einen Ladezustand von 85 bis 90 % erreicht. Das Problem ist der Zusammenhang zwischen Ladestrom und Ladezustand: Die Höhe des Ladestroms (I_L) hängt ab von der Ladespannung (U_L), der Ruhespannung (U_R) (die sich je Zelle zu 2,12 Volt ergibt) und vom Innenwiderstand (R_i) in Ohm. Der Ladestrom in Ampere ergibt sich aus

$$I_L = \frac{U_L - U_R}{R_i}$$

Der Innenwiderstand ist um so größer, je geringer die Säuredichte ist. Das bedeutet, er ist bei entladenem Zustand größer als bei geladener Batterie. Das während der Ladung entstehende Gas, zunächst feinverteilt im Elektrolyten, erhöht ebenfalls den R_i.

Die Batteriespannung ist vom Entladezustand und vom Entladestrom abhängig. Säuredichte und Spannung geben Aufschluß über diesen Zustand. Als Daumenregel für die Spannung je Batteriezelle gilt: Säuredichte + 0,85 V. Bei Stromentnahme sinkt diese Spannung.
(1) volle Ladung,
(2) halbe Ladung,
(3) viertel Ladung,
(4) Batterie leer.

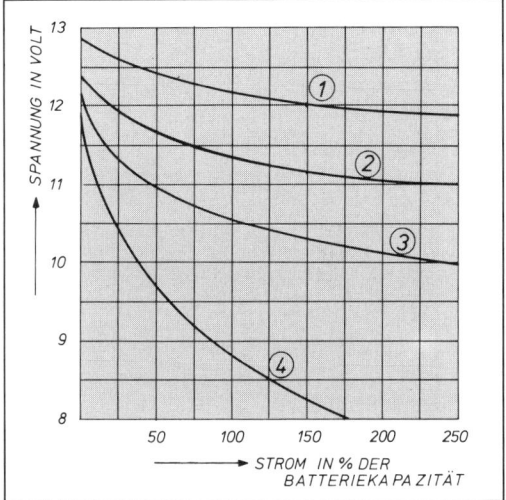

In erster Linie jedoch hängt der Innenwiderstand von Bauart und Größe (Kapazität) der Batterie ab. Der maximale Ladestrom wird deshalb von der Batteriegröße bestimmt, so daß sich von der Kapazität her eine Lade-Kennlinie ableiten läßt. Der optimale Ladestrom entspricht dann auch 5 % der Batterie-Kapazität, den man aber, um ein Optimum zwischen (Anfangs-)Ladezeit und gespeicherter Energie zu finden, in der Praxis zu 10 % des Zahlenwertes der Kapazität annimmt.

Noch höhere Ladeströme sind praktisch nur möglich, solange die Gasungsspannung nicht erreicht ist (und das geschieht oft nach sehr kurzer Ladezeit). Sie sind deshalb nur für eine kurzzeitige Schnelladung geeignet, um die völlig entladene Batterie wieder funktionsfähig zu machen. Anschließend muß in jedem Fall normal geladen werden, wie es der Generatorregler ja völlig automatisch tut. Unter Berücksichtigung aller Faktoren, die den Ladestrom mit bestimmen, ergibt sich der Ladestrom im Verhältnis zur gespeicherten Kapazität. Aus Diagrammen kann man ersehen, daß in 15 Stunden etwa zwei Drittel der Kapazität gespei-

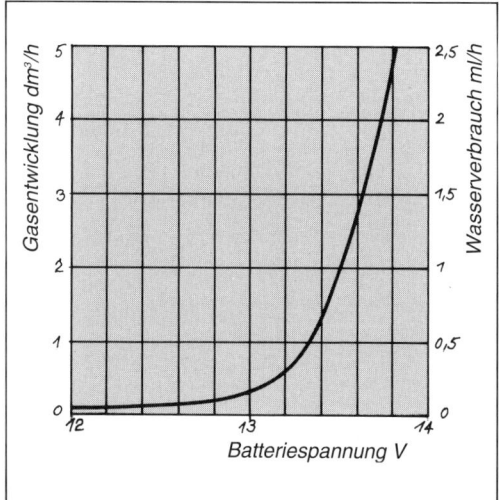

Mit höher werdender Batteriespannung steigt auch die Gasentwicklung und damit der Wasserverbrauch bei Ladung einer Batterie.

chert werden, eine Volladung jedoch das Doppelte an Zeit in Anspruch nimmt. So wurden bei Gleichstromgeneratoren nicht nur die Ladespannung, sondern ebenso der Ladestrom begrenzt, damit nicht schon am Anfang des Ladevorgangs die Gasungsspannung erreicht wird und unnötig viel Gas erzeugt beziehungsweise Wasser verbraucht wird.

Im Drehstromgenerator regelt sich der Strom durch wenig Eisen im Anker, das sehr schnell in die Sättigung geht, selbsttätig. Diese Regelung ist jedoch nicht batteriespezifisch wie die des Reglers der Gleichstromlichtmaschine. Bei der Konstruktion von Ladegeräten ist eine Regelung der Parameter Strom und Spannung ebenso wichtig. Sie macht die Qualitätsunterschiede aus.

Für den Skipper indes bleibt, mehr als die gerechnete Zeit einzuplanen für die erforderliche Ladezeit, um den Tagesverbrauch wieder in die Batterie hineinzuladen. Überschlägig rechnet man für die Ladezeit (t_L) den durchschnittlichen Entladestrom (I_E) in Ampere multipliziert mit der Entladezeit (t_E) in Stunden dividiert durch den mittleren Ladestrom (I_L) in

Ampere und dividiert durch einen Wirkungsgrad (η), der sich bis zum Ladezustand auf 90 % der Ladung zu 0,98 ergibt. Als Formel: Ladezeit (t_L) in Stunden:

$$t_L = \frac{I_E \cdot t_E}{I_L \cdot \eta}$$

Für eine achtstündige Entladung mit 2,92 Ampere (Zweifarbenlaterne und Hecklicht) ergibt sich eine Ladezeit mit einem mittleren Ladestrom von 4 Ampere zu:

$$t_L = \frac{2,92 \cdot 8}{4 \cdot 0,98} = 5,95$$

also knapp 6 Stunden.

Sonnen-, Wind- und Wassergeneratoren

Anders als auf Motoryachten, wo während der Fahrt permanent nachgeladen wird, muß auf einer segelnden Yacht die Batterie allein die Versorgung aller elektrischen Systeme übernehmen. Eine Nachladung erfolgt lediglich während der kurzen Zeit des Motorens oder durch die eventuell vorhandene Landanschluß-Steckdose am Schlengel. In der Regel wird damit der Energiebedarf an Bord ausreichend abgedeckt. Das ändert sich jedoch, wenn Verbraucher wie Kühlschrank, aufwendiges elektronisches Navigationsgerät und Stereo-Anlage an Bord kommen. Diese oft dauernd eingeschalteten Verbraucher sind der Grund, wenn unterwegs der Strom knapp wird. Da hilft dann nur Motoren, wenn nicht Möglichkeiten vorhanden sind, auf geräuscharme Art Strom zu erzeugen.
Eine heute vielfach propagierte Methode zum Nachladen der Batterie, die beim Segeln nicht stört, ist der Aufbau eines Windgenerators. Der Wind weht fast immer, so daß auch an segelfreien Tagen im Hafen und vor Anker Ladestrom erzeugt wird. An Bord lassen sich, bedingt durch Mast und Rigg, nur Windmühlen beschränkter Größe aufbauen, die lediglich einen Ladungserhaltungs-Strom erzeugen und damit eine Bordstrom-

Dieser Windgenerator ist leicht im Rigg vorzuheißen. Seine Leistung: 8 A bei 12 V. Für diese Maximalleistung benötigt er außergewöhnlich viel Wind.

Versorgung nicht übernehmen können. Zu empfehlen sind sie indes für Boote, die in der Woche nicht benutzt werden, und für Langstrecken-Segler, die wenig motoren wollen.

Windgeneratoren werden meist mit Windrad-Durchmessern bis zu 0,6 Metern angeboten mit durchschnittlichen Leistungen (Windgeschwindigkeit 10 Knoten) von ungefähr 30 Watt (2,5 Ampere bei 12 Volt).

Zukunftssicheren Windmühlen für mehr Leistung müßte man größere Windräder anpassen. Der Durchmesser des Rades geht immerhin quadratisch in die Leistungsformel ein, so daß es erst mit Windturbinen von 2,5 Meter Durchmesser möglich wäre, die gesamte Bordelektrik einer mittleren Segelyacht mit Strom zu versorgen. Unter Vor- und Achterstag kann man solch ein Windrad unterbringen, vorausgesetzt, es besteht eine Möglichkeit, seine Flügel in Segelstellung zu bringen oder beizuklappen. Bei einem Aussehen wie von zwei- oder dreiflügeligen Flugzeugpropellern dürfte auch die schiffige Silhouette einer Yacht noch stimmen.

Doch vorerst sind diese Stromerzeuger noch Selbstbauern vorbehalten. Der größte inzwischen auf dem Yachtmarkt angebotene Windgenerator hat einen Flügelraddurchmesser von 1,5 Metern und leistet maximal 8 Ampere bei 12 Volt und 5 Beaufort.

Dagegen erscheint die Nutzung der Sonnenenergie sehr viel bequemer. Schiffsausrüster halten heute Solargeneratoren bereit, die Sonnenenergie direkt in elektrische umwandeln. Dieser von Fotozellen her bekannte Effekt ist durch moderne Halbleitertechnik soweit entwickelt, daß in der Tat Leistungen erreicht werden, die auch bei diesigem Wetter für eine Erhaltungsladung ausreichen. Mehr aber auch nicht. Da eine Steigerung von Spannung und Strom nur durch Reihen- und Parallelschaltung einzelner Zellen zu realisieren ist, steht der Preis von Solargeneratoren, die in der Lage sind, das gesamte Bordnetz zu versorgen, am Ende in keiner Relation zum Effekt, zumal die Bordbatterie weiterhin benötigt wird.

„Sonnenenergie-Umwandler" sind wie die Windgeneratoren bislang noch als Zusatz-Energiequelle gedacht. Abmessungen von bis zu 0,35 x 0,70 m lassen sich zudem noch gut an Deck unterbringen. Bei einer Leerlaufspannung von 16 Volt erzeugen sie im Schnitt vier bis fünf Amperestunden pro Tag, was einem Nennstrom von 1 Ampere entspricht. Damit ist es immerhin möglich, innerhalb einer Sieben-Tage-Woche eine Batterie mit einer Kapazität von 30 Amperestunden (voll) zu laden. Auf Transozean-Regatten haben Katamarane den Bedarf ihrer (elektrischen) Selbststeueranlagen mit Solargeneratoren decken können.

Solarzellen sind, technisch gesehen, n/p-Silizium-Flächendioden mit besonders dünn ausgeführter n-Schicht. Bei Lichteinfall werden durch Lichtteilchen, sogenannte Photonen, auf beiden Seiten des n/p-Übergangs Ladungsträgerpaare erzeugt, die, wenn sie getrennt werden, eine elektromotorische Kraft darstellen, Leerlaufspannung genannt. Durch geeignete Kontakte von Vor- und Rückseite des Elements kann man einen Kreis aufbauen, in dessen äußeren Teil ein Strom fließt, der je nach einfallender Lichtmenge bis zu 150 Milliampere betragen kann. Immerhin werden damit die Akkus von Satelliten gespeist, und mit einigen Abstrichen an Intensität des Sonnenlichts durch Streuung und Absorption an der Atmosphäre funktionieren Solargeneratoren auch an Bord. In

93

 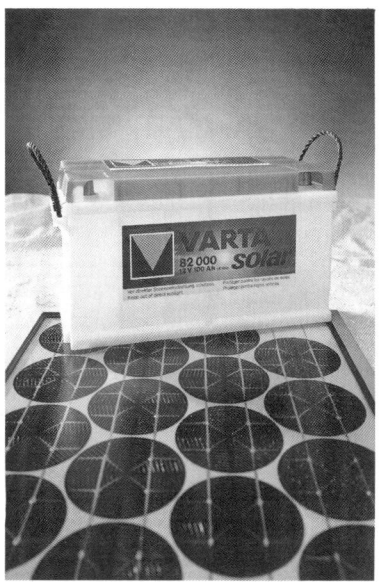

Ein zusammenfaltbarer Solargenerator paßt ebenfalls ins Rigg. Hier kann man ihn immer direkter Sonneneinstrahlung aussetzen.

Solargeneratoren erfordern spezielle Batterien. Diese Solar-Batterie ist gebaut für die sanften Ladeströme des Sonnengenerators.

Epoxydharz eingegossen, das vor Salzwasser schützt, nehmen sie an Deck nicht mehr Platz in Anspruch als ein Luk.

Eine wirkliche Alternative zum vom Hauptmotor angetriebenen Generator bilden aber erst Generatoren, die vom strömenden Wasser angetrieben werden. Zu haben sind sogenannte Außenbord-Propeller-Generatoren, die, an einer Außenbordhalterung montiert, ab etwa 3 Knoten Fahrt durch die Wasserkraft in Drehung versetzt, einen Ladestrom erzeugen, der bei einer durchschnittlichen Fahrt von 4,5 Knoten 5 Ampere beträgt. Solche Wassergeneratoren besitzen einen Regler für die Ladespannung und eine Kontrolleuchte, die erlischt, wenn Strom geliefert wird.

Einige Windgeneratoren sind ebenfalls für den Betrieb als Wassergenerator geeignet. Das Windrad wird dann durch einen Impeller ersetzt, der wie der Geber eines Patentlogs an einer langen Leine nachgeschleppt wird und den am Heckkorb befestigten Generator treibt. Seine Leistung liegt bei 50 Watt. Das Problem ist eigentlich nur die – wenn man so will – Turbine, die leicht verloren geht.

Auf vielen Segelyachten mit Einbaumotor aber ist bereits eine Turbine vorhanden, der Festpropeller, der ohnehin einiges an Fahrt kostet und unter Umständen weniger Widerstand verursacht, wenn er dreht. Was liegt da näher, als die Propellerwelle für „Turbinendienste" am Generator einzusetzen. Ein Schiffspropeller indes ist für Vortrieb konzipiert und nicht sonderlich geeignet, einen Generator anzutreiben.

Die (theoretische) Leistung, die ein angeströmter Propeller aufbringen kann, ist abhängig von seinem Durchmesser (Strömungsquerschnitt A, abzüglich der Nebenfläche), der Schiffsgeschwindigkeit (Propelleranström-Geschwindigkeit unter Berücksichtigung des Mitstroms) und der Wasserdichte. Bezieht man in seine Rechnung noch die an Propeller, Riemenantrieb und Generator anfallenden Wirkungsgrade ein, dann ist es möglich, bei einer Schiffsgeschwindigkeit von fünf Knoten und gut dimensioniertem dreiflügeligem Festpropeller einen Generator von 350 Watt in Drehung zu versetzen. Voraussetzung ist die Verwendung eines früheinschaltenden Drehstromgenerators, der von der Propellerwelle über einen Riemenantrieb im Verhältnis 1 : 5 bis maximal 1 : 10 angetrieben wird. Gute Durchschnittswerte ergeben sich für angeströmte Zweiflügler mit einem Steigungsverhältnis von 0,5 bis 0,6. Damit das Getriebe zwischen Motor und Welle nicht mitgeschleppt werden muß, empfiehlt sich eine Ausrückkupplung. Sie ist unerläßlich, wenn die Getriebeschmierung mit der Motorschmierung zusammenhängt.

Mit einem Wellengenerator besitzt man an Bord zwei getrennte elektrische Systeme. Der vom Motor angetriebene Generator bleibt weiterhin auf die Starterbatterie geschaltet, während der an der Welle sitzende allein auf die Bordnetzbatterie arbeitet. Bei Motorfahrt werden so beide Systeme geladen, und unter Segel versorgt der Wellengenerator das dann ja auch nur belastete Bordnetz.

Wellengeneratoren sind erst ab Wasserlinienlängen von neun bis zehn Metern attraktiv. Das liegt einmal am Preis-Leistungsverhältnis und an den relativen Rumpfgeschwindigkeiten, die ab dieser LWL erst die nötigen Durchschnittsgeschwindigkeiten erbringen. Die theoretische Leistung des angeströmten Propellers in Watt ergibt sich nach

$$P_{th} = 512,5 \cdot A \cdot V_a^3,$$

aus der Multiplikation des Faktors für die Dichte des Seewassers mit dem Strömungsquerschnitt A in Quadratmetern und dem Kubus der Propelleranströmungsgeschwindigkeit V_a. Da die Geschwindigkeit mit der dritten Potenz in die Rechnung eingeht, ist sie der dominierende Faktor. Unter fünf Knoten läuft in der Regel nichts. Hinzu kommen Berücksichtigung des Mitstromes, der, je nach Rumpfform, mit bis zu 70 Prozent eingesetzt werden muß, ebenso wie Wirkungsgrade für Propeller, Welle, Riementrieb und Generator. So wird denn oft eine Verstellpropelleranlage verwendet, die leicht den Preis eines zusätzlichen Stromaggregates erreicht. Propellergetriebene Generatoren sind deshalb relativ selten, woran womöglich auch die heute vorzugsweise benutzten Faltpropeller beteiligt sind. Für Segelyachten ab 12 Meter indes sind Wellengeneratoren immer eine gute Alternative zur überproportionalen Bordbatterie. Welcher Propeller sich eignet, zeigt das Diagramm.

Hier sind sogenannte früheinschaltende Maschinen am besten, die eine noch einbaubare Übersetzung zulassen und bei niedriger Drehzahl bereits Strom abgeben. Im ungünstigsten Fall kann man mit einer Stromausbeute von einem Ampere pro Knoten rechnen.

Leistungsfähige Kraftwerke bietet die Firma Bosch mit ihren neuen „Compact-Generatoren". Aus dem Bosch-Prospekt: „Elektrisch und mechanisch optimiert, setzen diese Hochleistungs-Generatoren in Leistungsvermögen, Größe und Gewicht neue Maßstäbe". Auch bei niedrigen Drehzahlen bereits liefern Compact-Genos mehr Leistung als ein Normalgenerator. Anteil daran haben eine neue Generation von Spannungsreglern, die fast alle Bauteile nur noch auf einem Chip zusammenfassen. Außerdem sorgen Leistungsdioden (mit Zener-Charakteristik), daß Überspannungen weder Generator noch Bordnetzverbrauchern schaden. Der Generator kann damit auch ohne angeschlossene Batterie laufen.

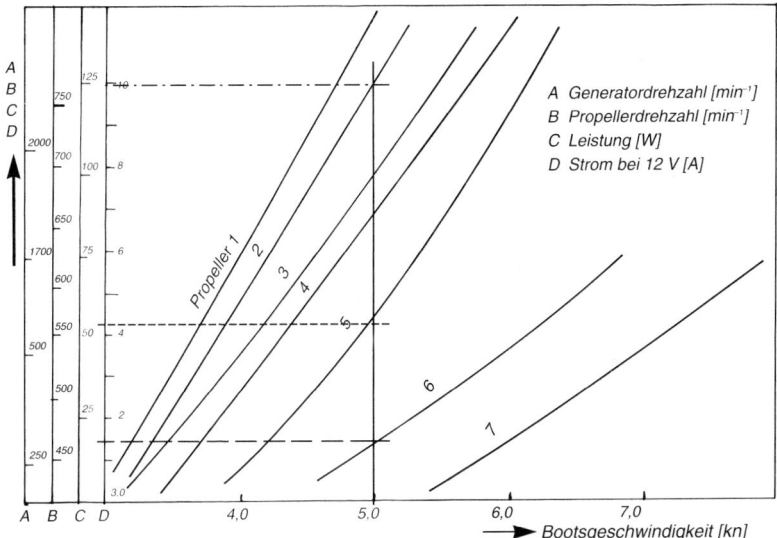

A Generatordrehzahl [min⁻¹]
B Propellerdrehzahl [min⁻¹]
C Leistung [W]
D Strom bei 12 V [A]

Bootsgeschwindigkeit [kn]

Die empirisch gewonnenen Kurven zeigen sieben verschiedene Propeller mit ihren Leistungen für unterschiedliche Bootsgeschwindigkeiten. Das Beispiel für 5 kn zeigt einen Stromgewinn von 1,4 A für Propeller 6. Prop 5 bringt bei diesem Speed schon 4,2 A, während Prop 2 10 A liefern kann. Allerdings besitzt er von den dreien auch den größten Durchmesser.

Legende zum Propellerdiagramm

	Steigung P/D	Durchmesser D	Flügelzahl Z	Flächenver-hältnis A_E/A_O
Propeller 1	0,4	400 mm	2	0,27
Propeller 2	0,5	400 mm	2	0,27
Propeller 3	0,6	400 mm	3	0,26
Propeller 4	0,6	400 mm	2	0,27
Propeller 5	0,6	380 mm	4	0,55
Propeller 6	0,86	325 mm	4	0,53
Propeller 7	0,84	240 mm	4	0,54

Trailerboote

Starke Positionslaternen sind auch für Trailerboote Vorschrift und Echolot und Log Sicherheitsfaktoren. Ebenso wird auf kleineren Booten nicht auf den Komfort elektrischer Kajütbeleuchtung verzichtet. Ohne Generator, lediglich auf die 60-Watt-Lichtspule des Außenbordmotors angewiesen, ist hier jedoch auch die kräftigste Batterie bald erschöpft.

Eigner von Trailerbooten, deren schwimmende Untersätze in der Regel nur durch Außenborder motorisiert werden können, sehen sich deshalb gezwungen, auf andere Möglichkeiten zurückzugreifen. Eine ist die sogenannte Energie-Box, deren schwallwassersicherer Kunststoff-Kasten Akkumulator (12 Volt, 50 Amperestunden), elektronisch geregeltes Ladegerät und Ladezustandsanzeiger (Voltmeter) enthält. Neben dem Vorteil, alle Bausteine aufeinander abgestimmt zusammen zu haben, besticht die Mobilität dieser Box. Sehr handlich und mit Trageriemen ausgerüstet läßt sie sich, ohne daß man mit Säure in Berührung kommt, in die Nähe jeder (220-Volt-)Steckdose transportieren.

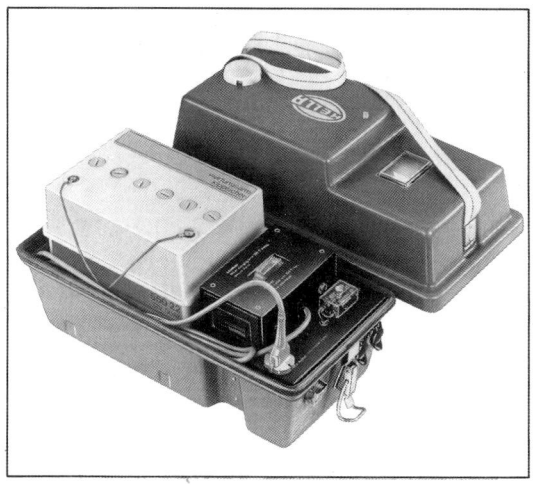

Diese wasserdichte Batteriebox mit eingebautem Ladegerät eignet sich gut für Außenborderboote. Durch einen Trageriemen ist sie sehr mobil.

An Bord wird sie an die Lichtmaschine des Außenborders angeschlossen. Dennoch – der Außenborder-Skipper wird immer gezwungen sein, seinen Kurs sporadisch auf Liegestellen mit Landanschluß abzusetzen. Eine andere Idee ist die Versorgung des Schiffsnetzes mit dem Strom des Zugwagens. Jedes Automobil ist heute mit einem kräftigen Drehstrom-Generator ausgerüstet, der in der Lage ist, eine entladene (Schiffs-)Batterie wieder aufzutanken. Die Bordbatterie sollte die gleichen Abmessungen wie die Autobatterie haben, damit sie in die Batteriehalterung des Autos paßt und so leicht ausgetauscht werden kann. Natürlich kommt es vor, daß beide Batterien irgendwann einmal völlig entladen sind und das Auto nicht mehr gestartet werden kann. Hier sind Eigner älterer französischer Kraftfahrzeuge, zu deren Standardausrüstung eine Andrehkurbel gehört, bevorzugt. Anderenfalls sollte man ein vorbereitetes Stück Anlasserkabel mit Batterieklemmen (+) und (−) mitführen und für diesen außergewöhnlichen Fall beide Batterien in Reihe schalten, um mit 24 Volt, beziehungsweise dem, was beide Batterien noch hergeben, den Motor zu starten. Nach zehn Minuten Warmlaufen startet er dann auch mit einer Batterie. Man muß sich dennoch über den Bordstrom Klarheit verschaffen und notfalls den Energieverbrauch drosseln, damit die Batterie nie ganz heruntergefahren wird. Ebenfalls ist zu bedenken, daß eine Nachladung per Autogenerator auch nicht mit zweimaligem Umfahren des Bootshauses getan ist. Positionslaternen verbrauchen zusammen 60 Watt, in einem 12-Volt-System also 5 Ampere.

Die Kapazität der Bordbatterie soll so bemessen sein, daß eine Versorgung der wichtigsten Verbraucher (beim Trailerboot zumindest der Positionslaternen) wenigstens acht Stunden lang gewährleistet ist. Das bedeutet, die Batterie muß 40 Amperestunden, ohne andere elektrische Verbraucher versorgen zu können, in jedem Fall bereithalten. Geht man von einem Ladezustand von 80 bis 90 % aus, den die Batterie nur erreicht, wenn sie mit der begrenzten Ladespannung des Generators von 14,4 Volt geladen wird, dann muß die Kapazität der Batterie 50 Amperestunden betragen. Das ist mehr, als in die meisten Automobile eingebaut ist. Oft läßt sich die Autobatterie jedoch vergrößern, da der vorgesehene Platz meistens für größere Abmessungen, als sie die serienmäßige Batterie hat, ausgelegt ist. Die Leistung des Generators läßt das in jedem Fall zu. In der Regel wird die Kapazität der Batterie wohl nie zu 100 % ausgeschöpft werden müssen. Geht man einmal von einer Nachtsegelei von 4 Stunden aus, dann wurden der Batterie während dieser Zeit 20 Amperestunden entnommen, die der Generator im Auto möglichst schnell wieder auffüllen soll.

Bootsbatterieladung über Anhängersteckdose

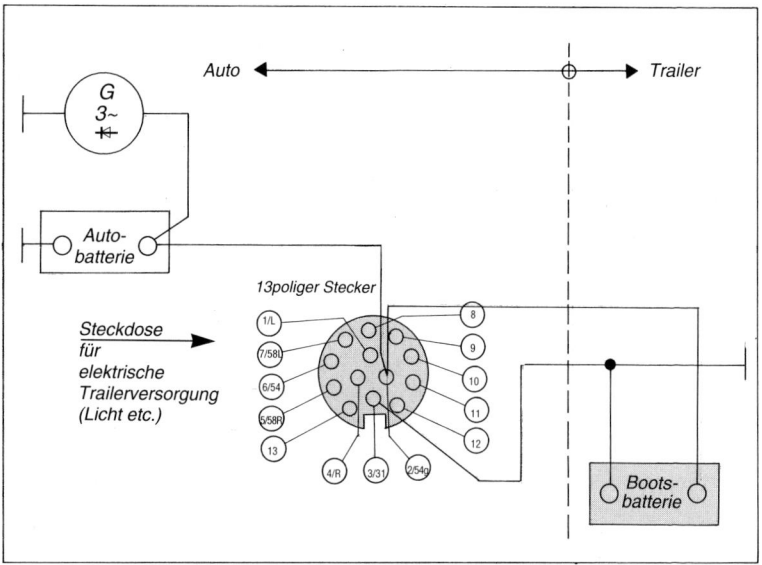

Kontakt-Erklärung:
1/L = Fahrtrichtungsanzeiger links; 7/58L = Linke Schlußleuchte, Begrenzungsleuchte und Kennzeichenbeleuchtung; 6/54 = Bremsleuchten; 5/58R = Rechte Schlußleuchte, Begrenzungsleuchte und Kennzeichenbeleuchtung; 13 = Masse (beide Masseleitungen dürfen hängerseitig nicht leitend verbunden sein); 4/R = Fahrtrichtungsanzeiger rechts; 3/31 = Masse; 2/54g = Nebelschlußleuchte; 12 und 11 nicht zugeteilt; 10 = Ladeleitung Plus für Batterie im Hänger; 9 = Stromversorgung (Dauerplus); 8 = Rückfahrleuchte und/oder Rückfahreinrichtung für Auflaufbremse.

Bei der Konzipierung eines Batteriesystems – auch des im Auto einge-bauten – geht man von Ladeströmen aus, die so bemessen sind, daß die Batterie in 10 Stunden von 20 auf 100 % wieder vollgeladen ist. So sind auch die Generator-Regler eingestellt; die Batterie wird damit schonend geladen. Das bedeutet aber, daß eine Batterie von 50 Amperestunden mit durchschnittlich 5 Ampere geladen wird (obgleich der Auto-Generator mehr könnte, meist 35 A). Um die entnommenen 20 Amperestunden nachzuladen, müßte man also vier Stunden lang fahren. Dem Trailer-Skipper bleibt damit die Erkenntnis, daß er auch mit dem Zugwagen als Ladegerät nicht aller Elektrizitäts-Sorgen ledig ist. Das System ist so rich-tig nur für Wochenend-Segler geeignet, die ihre Bordbatterie wochentags „spazierenfahren" können.

Ladegeräte

Bei der Auswahl des Ladegerätes gibt es einiges zu bedenken, was über den obligatorisch eingebauten Trenntransformator hinausgeht. Ladegeräte für Normalladung besitzen lediglich einen nachgeschalteten Gleichrichter, der die für die Ladung erforderliche Gleichspannung liefert. Sie sind so ausgelegt, daß Batterien in einem Zeitraum von 8 bis 12 Stunden geladen werden können. Das heißt, Ladespannung und Ladestrom stehen in einem festen Verhältnis zueinander. Je höher die Batteriespannung ansteigt, desto mehr klingt der Ladestrom ab, so daß bei Erreichen der Gasungsspannung nur noch 40 Prozent des 5-stündigen Entladestromes fließen und am Ende der Ladung nur noch 20 Prozent. Solange die Gasungsspannung nicht erreicht ist, vermag die Bordbatterie ohne Schaden diesen Strom aufzunehmen. Nach Überschreiten der Gasungsspannung muß jedoch der Ladestrom begrenzt werden. Höhere Ladeströme bewirken eine höhere Gegenspannung, so daß die Gasung frühzeitiger erreicht wird. Damit ist die Strommenge, die bis zu diesem Zeitpunkt hineingeladen wird, geringer als beim Laden mit niedrigerem Strom. Es ergibt sich eine längere Nachladezeit, die den Zeitgewinn durch den hohen Anfangsladestrom wieder in Frage stellt. Lange Gesamtladezeiten sind dann auch neben der Unfähigkeit, mehrere Batterien mit unterschiedlichen Ladezuständen parallel zu laden, die Nachteile dieser Ladegeräte.

Bessere Ladungsmöglichkeiten bieten geregelte Ladegeräte. Es werden weitaus kürzere Ladezeiten erzielt, da die Batterie zu jeder Zeit mit einem optimalen Ladestrom geladen wird, ohne die Gasungsspannung zu überschreiten. Ist sie erreicht, wird die Stromstärke automatisch heruntergeregelt und die Spannung konstant an der Grenze der Gasung gehalten. Geregelte Ladegeräte schalten nicht automatisch ab, wie es manche anderen Geräte tun, denn durch die Regelung kann die Bordbatterie bis zu maximal 40 Stunden angeschlossen bleiben. Durch diese lange Nachladung mit geringem Strom wird eine Ausgleichsladung erreicht, die ein Batterieleben verlängert. Die Verbindungsleitungen vom Ladegerät zur

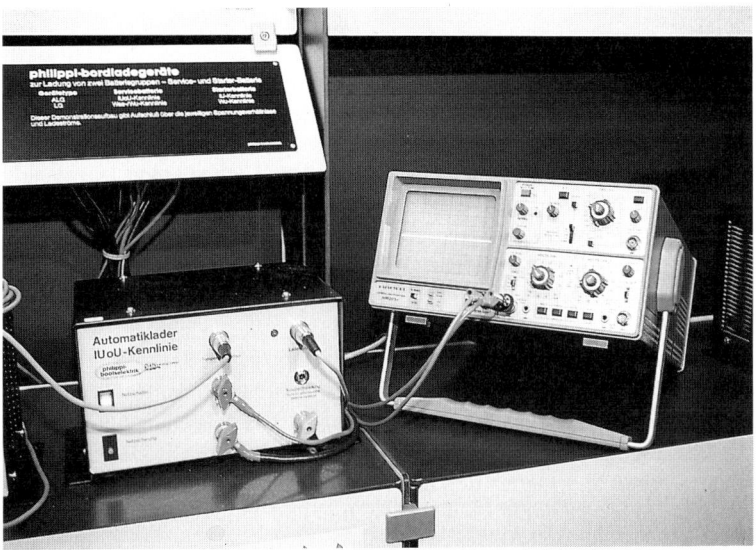

Ladegeräte sind heute nicht einfach nur Wandler, die eine Spannung von 220 Volt Wechselstrom auf 14 Volt Ladegleichstrom bringen, sie laden vielmehr einen Bordakku nach ganz bestimmten Ladekurven. Die Kennlinie dieses Laders ist strom- und spannungsgeregelt (IU). Nach einer Pause (o) wird mit geregelter Spannung (U) weitergeladen. Das Oszilloskop rechts zeigt die Stromglätte des Laders: Hier ein reiner Gleichstrom, der auch ohne die glättende Wirkung der Batterie zur Spannungsversorgung von elektronischen Geräten herangezogen werden kann.

Batterie (Ladegerät-Plus an Batterie-Plus, und desgleichen Minus an Minus) sollen möglichst kurz gehalten werden. Der Spannungsverlust auf dieser Leitung soll bei Nennstrom 2 % nicht überschreiten, also bei 12 Volt nicht größer als 0,24 Volt sein. Außerdem muß der Ladefaktor berücksichtigt werden, so daß in eine Bleibatterie 20 % mehr Leistung hineingesteckt werden muß, als aus ihr herausgeholt werden kann. Wird ein Ladegerät fest an Bord eingebaut, sollte es immer ein geregeltes sein. Die Vorteile seiner Ladung sind:

1. Schnelleres Laden durch höheren Anfangsladestrom,
2. schonende Ladung der Batterie, da die Gasungsspannung nicht überschritten wird. Geringer Plattenverschleiß, wenig Säurenebel und Knallgas,
3. Parallelladung mehrerer Batterien gleicher Zellenzahl mit unterschiedlicher Kapazität und verschiedenem Ladezustand ist möglich (wichtig für Bordsysteme mit zwei Batterien).

Ladegeräte müssen außerdem in ihren Leistungen der Batteriekapazität angepaßt sein. Als Faustformel gilt, daß der Ladestrom ungefähr 8 bis 10 % des Zahlenwertes der Batteriekapazität betragen soll, für eine 100 Ah-Batterie also 8 bis 10 Ampere.

An Bord werden sie in den Maschinenraum eingebaut. Wegen der Säure-, beziehungsweise Laugennebel sollten sie nicht neben der Batterie installiert werden, obgleich es ihre Baugröße meistens zuläßt.

Die Batterieladung kann also nach verschiedenen Methoden erfolgen, die sich durch den Verlauf des Ladestroms, seiner Kennlinie, unterscheiden. Die für eine Bordbatterie wichtigsten sind im folgenden aufgeführt.

Die Buchstaben bedeuten im einzelnen:

W = Widerstandskennlinie

a = automatische Abschaltung

e = automatische Einschaltung

o = automatische Umschaltung auf einen anderen Kennlinienteil

U = konstante Ladespannung

I = konstanter Ladestrom

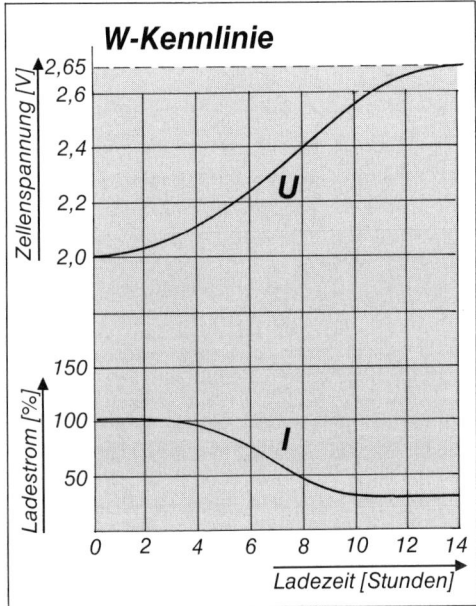

Die unterschiedlichen Ladearten von Ladegeräten zeigen sich in ihren Ladekennlinien, Strom- und Spannungskurven, die zuständig sind für brutales oder schonendes Laden.

*1 **W-Kennlinie:** Die Ladespannung steigt bei fallendem Strom. Überladung ist möglich.*

Die **W-Kennlinie** gilt dabei als Grundkennlinie einer Batterieladung und arbeitet ohne jede Automatik: Der Ladestrom hängt, außer vom Innenwiderstand der Batterie, stark von der Eingangsspannung am Ladegerät ab. Die Batterie wird zwar voll geladen, kommt aber in die Gasung, so daß eine Ladung nicht unbeaufsichtigt und ohne Nachfüllen von destilliertem Wasser erfolgen sollte. Für wartungsfreie Batterien verwende man sie besser nicht.

*2 **W**ₐₑ**-Kennlinie:** Wie 1, nur schaltet sich dieses Gerät automatisch aus und ein.*

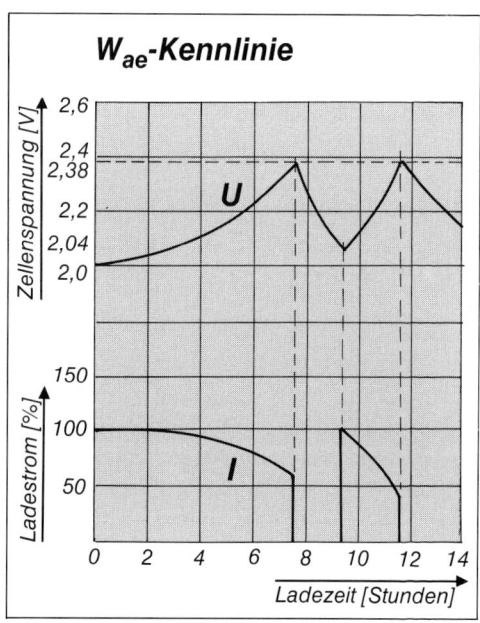

W_{ae}-Kennlinie

W_{ae}-Kennlinie: Sie wird Widerstandskennlinie mit Automatik genannt und entspricht der W-Charakteristik. Eine eingebaute Elektronik schaltet die Ladung bei Erreichen der Gasungsspannung ab (a) und wenn die Batteriespannung unter einen bestimmten Wert fällt, wieder ein (e). Mit dieser Kennlinie kann man eine Batterie nicht ganz volladen, da der Zeitpunkt im Moment des Abschaltwertes zu kurz ist. Allerdings ist unbeaufsichtigtes Laden möglich. Die Ein- und Ausschaltwerte liegen ungefähr bei 12,4 beziehungsweise 14,2 Volt.

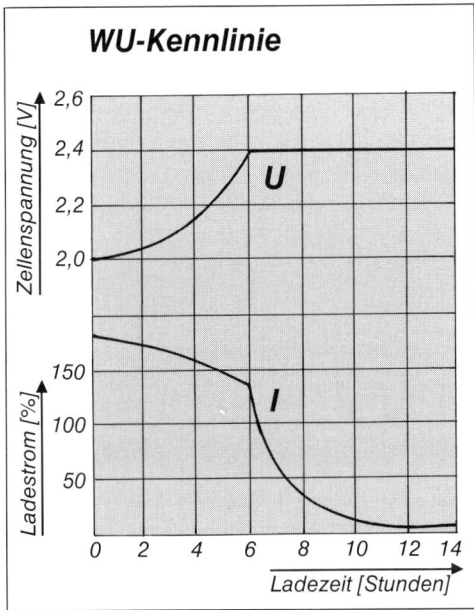

WU-Kennlinie

*3 **WU-Kennlinie:** Die Spannung wird bis kurz unter die Gasungsspannung geregelt.*

WU-Kennlinie: Diese Geräte laden mit Widerstandskennlinie und einer Konstantspannung (U). Durch die konstant geregelte Spannung werden die Batterien wirklich voll geladen. Für die Dauerladung ist es notwendig, daß der Spannungswert für die Konstantspannung unterhalb der Gasungsspannung liegt. Dann ist unbeaufsichtigtes Laden möglich. Ladegeräte mit dieser Ladecharakteristik benötigen eine Regelungselektronik und ein gut stabilisiertes Netzteil mit hoher Siebung zur Vermeidung pulsierender Spannung. Es ist eine schnelle Teilladung möglich; eine Volladung dauert länger.

4 **IU-Kennlinie:** *Strom und Spannung werden geregelt. Schonendste Ladung, aber teuer.*

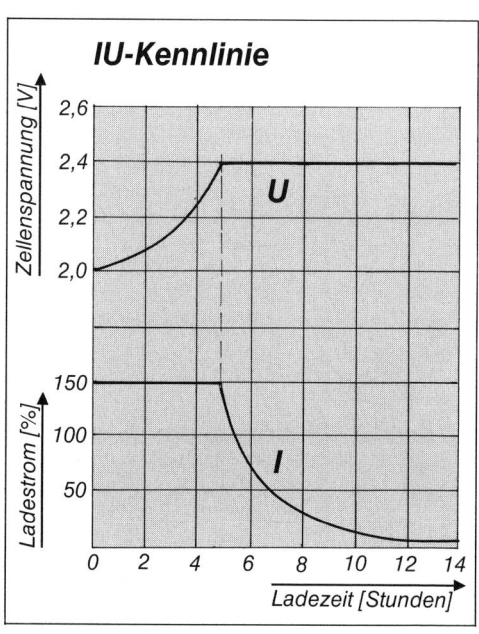

IU-Kennlinie: Konstantstrom- (I) mit anschließender Konstantspannungsladung (U). Diese Kennlinie eignet sich zur Batterieladung besonders gut, da sie am besten auf die Ladecharakteristik einer Bleibatterie eingeht. Der technische Aufwand für die Regelungselektronik ist sehr groß, die Geräte sind daher teuer. Die IU-Kennlinie entspricht annähernd der WU-Kennlinie, wobei jedoch vor Erreichen der Gasungsspannung mit einem Konstantstrom geladen wird. Die Batterie kann dadurch mit wesentlich höheren Strömen geladen werden, wodurch sich kürzere Ladezeiten ergeben. Geräte mit dieser Kennlinie lassen ein unbeaufsichtigtes Laden zu. Sie sind besonders geeignet für wartungsfreie und Batterien mit festem Elektrolyt.

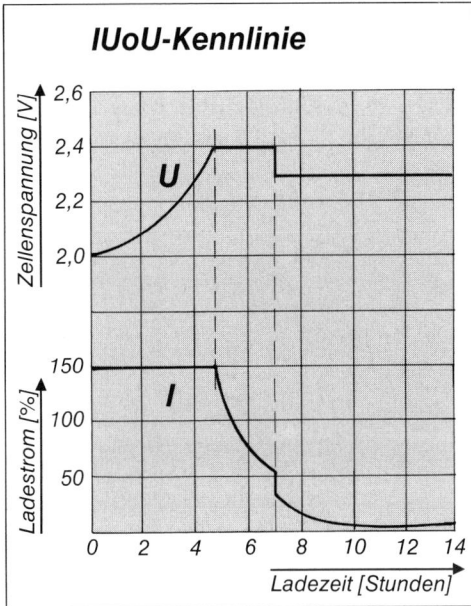

IUoU-Kennlinie

5 *IUoU-Kennlinie:* Wie 4, jedoch mit anschließender Erhaltungsladung.

IUoU-Kennlinie: Diese Kennlinie entspricht der IU-Kennlinie, enthält jedoch eine Zeitkonstante (o). Die erreichte Gasungsspannung wird über ein Zeitglied für eine bestimmte Zeit gehalten, währenddessen mit einem Konstantstrom weitergeladen wird. Nach der werksseitig eingestellten Zeitspanne nimmt die eingebaute Elektronik die Konstantspannung für eine Erhaltungsladung auf einen niedrigeren Wert zurück. Die Konstantspannung wird abgeschaltet und, je nach Ladezustand der Batterie der Ladestrom auf einen Minimalwert geregelt. Mit dieser Kennlinie werden Bleibatterien optimal vollgeladen. Der technische Aufwand erhöht sich jedoch nochmals.

Die bis hierher erfolgte Abhandlung von Ladegeräten beschreibt die sogenannte Sekundär-, also die Gleichstromseite dieser Geräte. Ihre Energie beziehen sie aus der Primärseite von einem Wechselstrom. Besondere Maßnahmen hinsichtlich Berührungsschutz sind bei den damit verbundenen hohen Spannungen zu beachten. Sie werden in den nächsten Kapiteln näher beschrieben.

Wechselspannung auf Yachten

Von Wechselspannung oder Wechselstrom war bei den Generatoren schon die Rede. Jeder Generator erzeugt zuerst eine Wechselspannung, die bei den kleinen Yacht-(Kfz-)Generatoren jedoch durch Gleichrichtung in Gleichspannung umgewandelt wird. Spricht man von Wechselspannungen auf Yachten, dann sind in der Regel Spannungen von 220 Volt gemeint, jene Wechselspannungen, die die Haushalte mit Strom versorgen − Wechselstrom.

Solche Ströme ändern regelmäßig ihre Richtung nach dem Sinus-Gesetz. Danach nimmt der Strom zunächst zu, erreicht seinen Höchstwert, nimmt wieder ab, erreicht den Wert Null und beginnt nun in anderer Richtung das gleiche Spiel. Das macht er in Perioden je Sekunde, die man Frequenz nennt und mit Hertz bezeichnet. Er wechselt, zumindest in Europa, mit 50 Hertz, so daß sich der Wechselstrom an den Liegeplätzen europäischer Marinas mit 220 V 50 Hz anbietet. Findet man hier Drehstrom vor, so sind das drei um 120° zeitlich verschobene Wechselströme, die miteinander verkettet sind, über den Faktor $\sqrt{3}$, so daß sich die Spannung des Drehstromes zu 220 · 1,73 = 380 Volt ergibt. Den Drehstrom nennt man auch Drei-Phasen-Strom, zu seiner Übertragung sind mindestens drei Leiter nötig. Das Thema Wechselstrom ist jedoch nicht mit der Behandlung des Landstromes abgetan. Viele Yachteigner wollen auch ohne die Steckdose an Land auf den mit 220-Volt-Wechselstrom

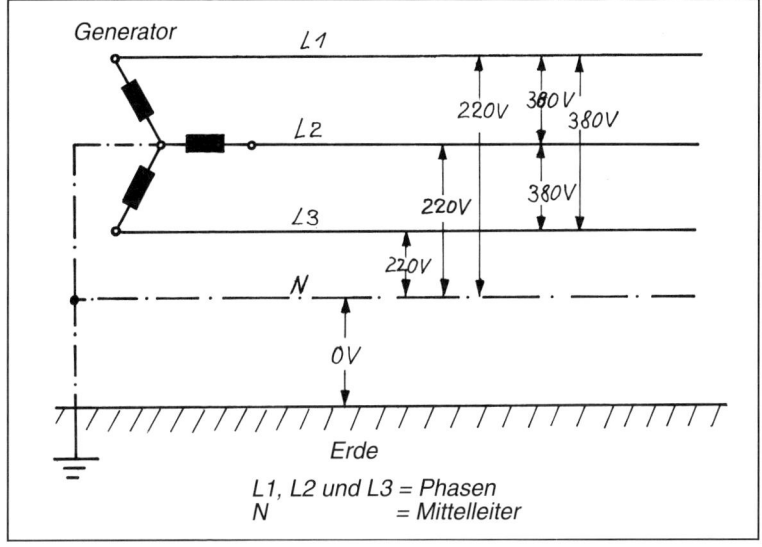

So wird Wechselstrom verteilt: Zwischen den Phasen L1, L2 und L3 kann man 380 V abgreifen, zwischen Mittelleiter und je einer Phase sind 220 V vorhanden.

(oder 380-Volt-Drehstrom) sich einstellenden Komfort nicht mehr verzichten. Die heute in Miniaturausgabe angebotenen Wechselstromaggregate machen auch kleine Yachten in dieser Hinsicht autark. Mit den Wechselspannungen bewegt sich der Skipper aber auch weg von den für den Menschen ungefährlichen Kleinspannungen. Der Umgang mit Spannungen über 50 Volt kann gefährlich sein, wenn die nötigen Schutzmaßnahmen (VDE 0100) nicht beachtet werden. Es muß deshalb nochmals auf die Gefährlichkeit eines Stromflusses über den menschlichen Körper hingewiesen werden, denn eine im Wasser schwimmende Yacht ergibt durch ihre niederohmige Erdverbindung, noch dazu wenn sie einen Metallrumpf besitzt, ideale Bedingungen für einen Elektrounfall. Fachmännisch ausgeführt, eröffnet Wechselstrom jedoch neue Möglichkeiten an Bord.

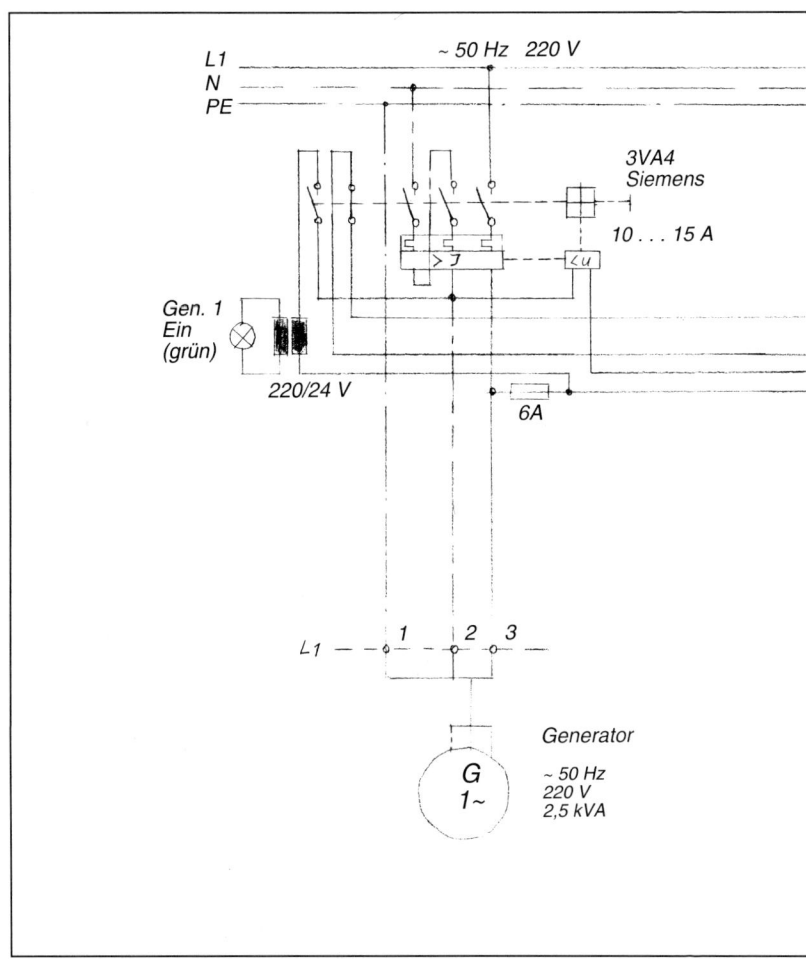

Das Schaltbild zeigt die Verdrahtung einer Wechselstrom-Verteilertafel, die von einem Generator und einem Landanschluß versorgt wird. Generator und Land-anschluß sind über ihre Schutzschalter miteinander verriegelt, so daß immer nur

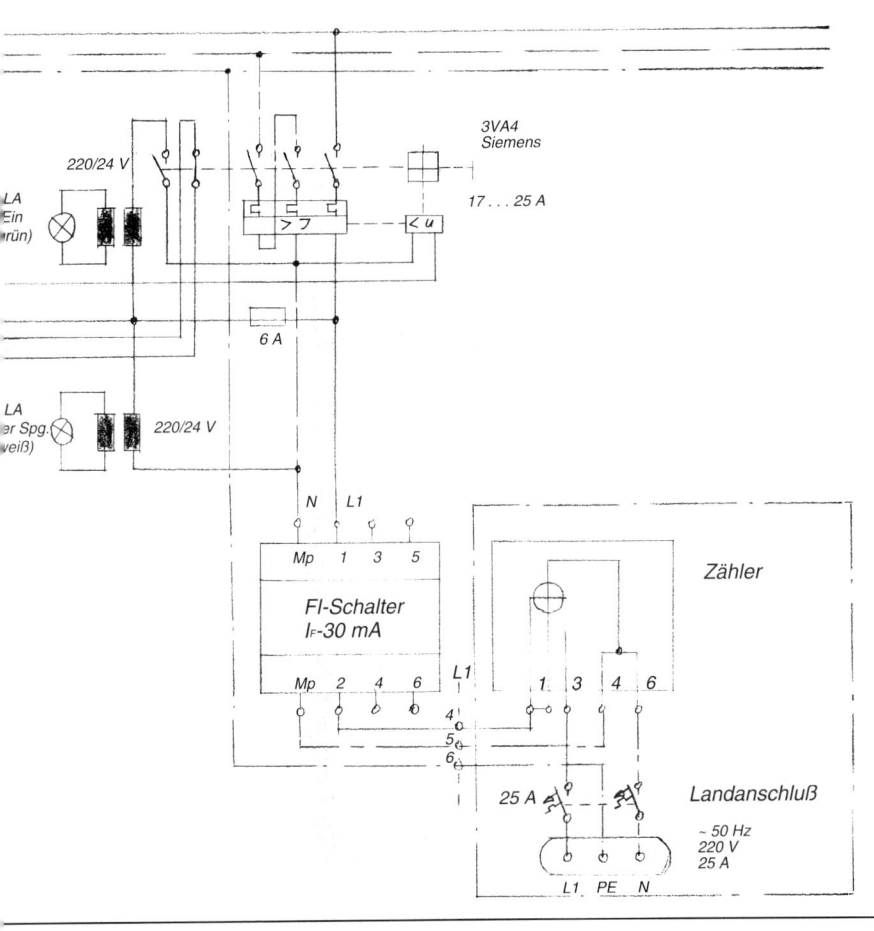

einer von beiden eingeschaltet ist. Der Landanschluß ist zudem mit einem Zäh-
ler versehen und einem Fehlerstromschalter.

Fortsetzung Seite 112 →

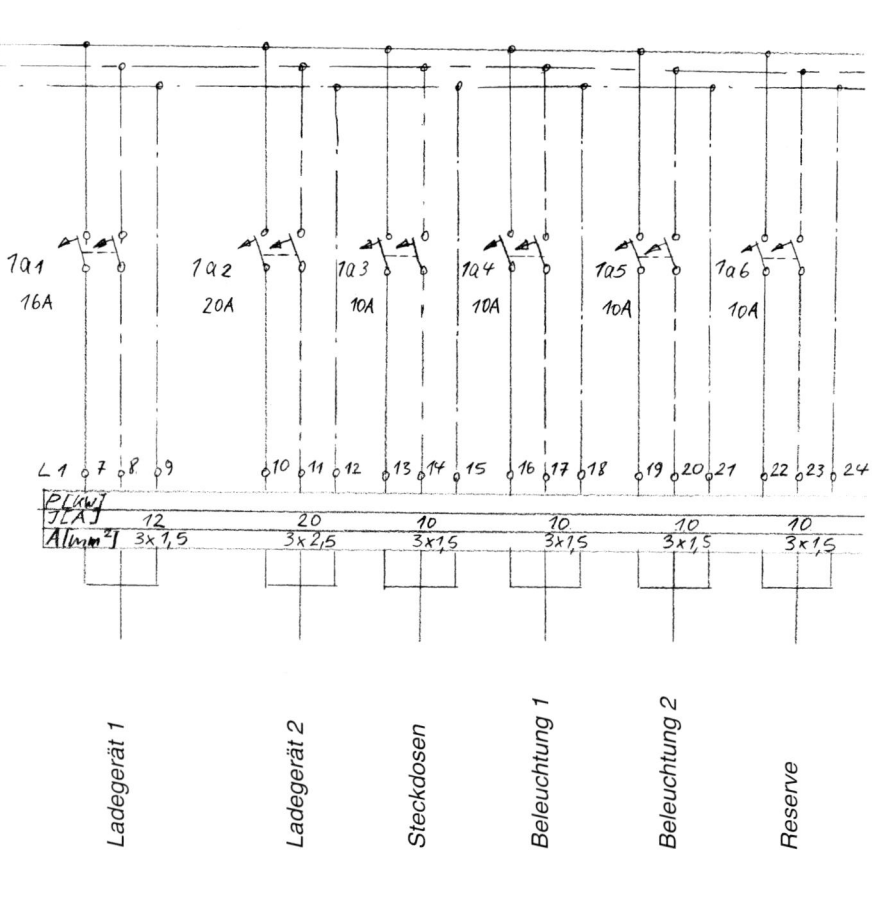

Der Landanschluß

Landstrom ist aktuell, seit es Liegeplätze mit Stromanschluß gibt. Man sollte nicht auf diesen Service verzichten, denn der Bordbatterie bekommt es gut, einmal richtig aufgeladen zu werden, so daß der Griff zum Kabel nach jedem Landfall zur Gewohnheit werden sollte. Zu den VDE-Vorschriften gibt es die DIN-Richtlinie 57100 (Teil 271), die sich speziell mit der Stromversorgung an Liegeplätzen befaßt. Es müssen nämlich Dinge hinsichtlich Schutzmaßnahmen für Mensch und Schiff beachtet werden: Ein Landanschluß muß schiffsseitig über eine Steckvorrich-

Der untere Teil dieser Schalttafel enthält den Wechselstrombereich, umschaltbar von Generator auf Landanschluß. Unten links der FI-Schalter, der vor Fehlerströmen schützt. Darüber hinaus zeigen zwei Instrumente Strom und Spannung an; ein Umschalter schaltet von Generator auf Landstrom, was von Meldeleuchten (unten rechts) signalisiert wird. Die Knöpfe (rechts in der Tafel) sind Sicherungsautomaten; die eingeprägte Zahl gibt an, wieviel Ampere sie schalten. Das gesamte obere Feld der Tafel ist der Gleichstromversorgung vorbehalten, überwacht durch zwei Amperemeter (Zwei-Batterien-System) und einem Voltmeter in der Mitte. An der stilisierten Yacht werden die Positions- und Signallaternen überwacht. Dazu gehört die waagerechte Automatenreihe darunter.

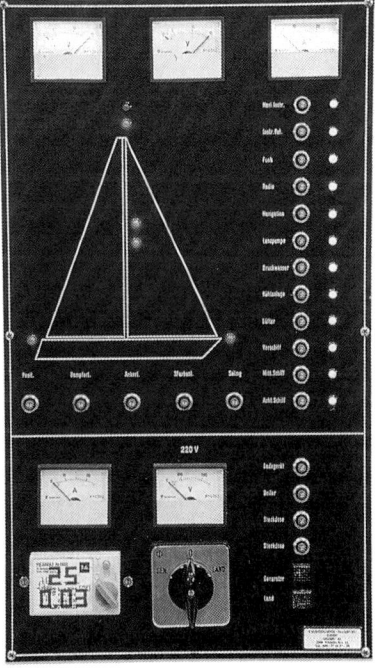

tung mit Schutzleiter, in wasserdichter Ausführung, verfügen. Der beste Schutz ist, den Teil, der im Schiff sitzt und die hohe Landspannung führt, zu isolieren. Zur Batterieladung wird das immer das Ladegerät sein, das in diesem Fall mit einem Trenntransformator (keinem sogenannten Spartrafo, wie ihn billige Ladegeräte eingebaut haben) ausgerüstet sein muß. Aber auch Einspeisungen zu direkten Landstrom-Verbrauchern sollten über einen Trenntransformator geführt werden, auch wenn die Landspannung nicht heruntertransformiert wird (Übersetzungsverhältnis 1:1). Diese Richtlinie des Germanischen Lloyd (für Wassersportfahrzeuge) entspringt dem Wunsch nach einer galvanischen Trennung von Land- und Bordnetz. Der Transformator beziehungsweise das Ladegerät muß dann isoliert vom Schiffsrumpf und der Schiffserde eingebaut, der im Landanschlußkabel mitgeführte Schutzleiter (grün-gelbe Ader) aber mit der Masse (Gehäuse) verbunden und an Land geerdet werden. Der Trenntransformator ist in der Lage, vor elektrischem Schlag zu schützen, solange an Bord nur ein Landstromverbraucher vorhanden ist; wenn Landstrom also nur zur Batterieladung und zur Pufferung des batteriege-

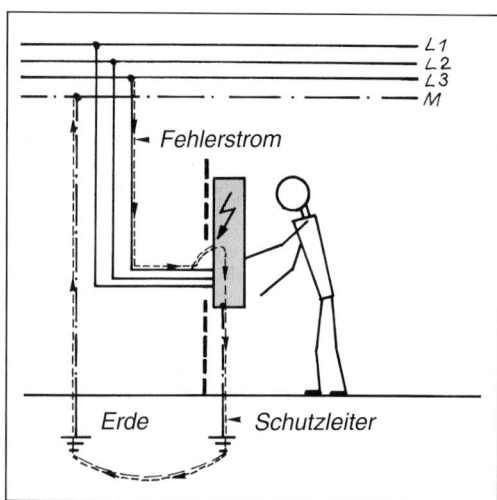

Die Skizze zeigt den Verlauf eines Fehlerstromes bei geerdetem Gerät. Es fließt kein Strom über den Menschen.

speisten Bordnetzes benutzt wird. Hier wirkt die „Schutztrennung". Sind jedoch mehrere Landstromverbraucher an Bord oder mehrere Steckdosen, dann muß ein Schutzleiter mitgeführt werden, der mit dem Trafo-Gehäuse verbunden wird. Da Trenntransformatoren mit zunehmender Leistung groß, schwer und teuer werden, verwendet man den in DIN 57 100 angeführten Fehlerstromschalter. Dieses im Installateurjargon FI-Schalter genannte Schutzgerät schützt gegen zu hohe Berührungsspannungen an Kabeln und Geräten des Bordnetzes, wenn durch Risse und Bruchstellen die Isolierung schadhaft geworden ist. Gleichzeitig schützt er vor Korrosionsströmen, die durch das Wasser zum Land fließen und

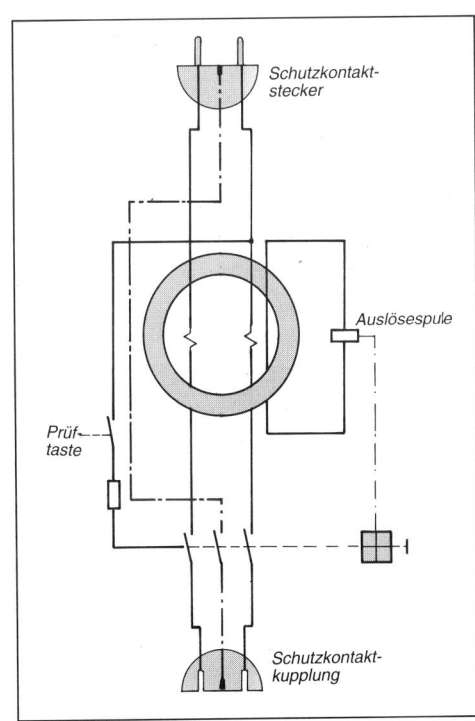

Schutzkontakt-stecker

Auslösespule

Prüf-taste

Schutzkontakt-kupplung

Schaltbild des Steckmat-Fehlerstromschalters: Auch der Schutzleiter kann hier überwacht werden, was speziell für Boote wichtig wird, wenn mit Korrosionsströmen zu rechnen ist.

Schiff und Propeller anfressen. Dazu wird der FI-Schalter so in die von Land kommende Leitung eingebaut, daß die Phasen, die stromführenden Leiter also, durch ihn hindurchgeführt werden und der Schutzleiter vor dem Schalter an Bord geerdet wird. Bei Schiffen mit Metallrumpf sollte der Schutzleiter jedoch nicht benutzt werden, ohne einen Trenntransformator zwischenzuschalten, wegen der so auch berücksichtigten Korrosionsströme. Hier erfolgt eine Auslösung des Schalters durch die „Hilfserde" Rumpf-Wasser-Land einfacher.

Kommt Wechselstrom über das Landanschlußkabel an Bord, dann wird ein FI-Schalter verwendet, der zwei Phasen und den Schutzleiter abschalten kann. Diesen speziellen FI-Schalter gibt es als Steckmat X beim Schiffshändler. Oft allerdings ist es nicht notwendig und auch nicht empfehlenswert, den Schutzleiter mitzubenutzen, da in ausländischen Häfen der Schutzleiter oftmals nicht vorhanden ist. Hier kann der Anschluß des FI-Schalters ohne weiteres über Phase und Null (L1 und N) erfolgen.

Die Technik des FI-Schalters ist einfach. Er besitzt einen Eisenkern, durch den der Strom über eine Spule hindurchgeführt wird, und zwar

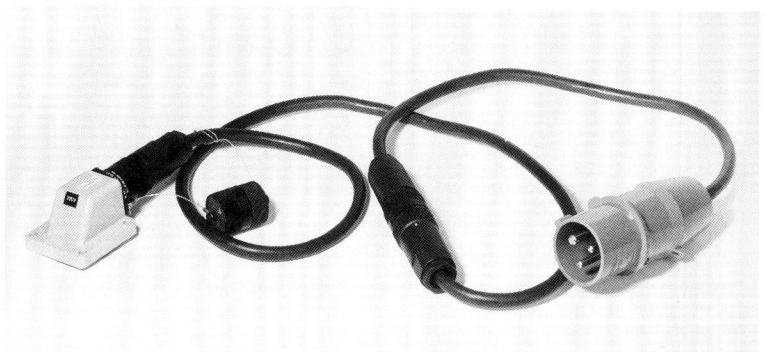

Landanschlußkabel besitzen nach neuester Norm nur noch kleine Steckvorrichtungen. Die Anordnung der Steckerstifte ist abhängig von der zu übertragenden Spannung. Eine Verwechslung von Steckern ist damit nicht möglich.

immer Hin- und Rückleitung. Da bei einwandfreier Isolation der zugeführte Strom gleich dem weggeführten ist, heben sich beide (oder alle drei bei Drehstrom) in ihrer magnetischen Wirkung auf. Fließt jedoch durch einen Isolationsfehler ein Teil des Stromes nicht über die Leitung zurück, sondern zum Beispiel über den menschlichen Körper (weil ein spannungsführendes Teil berührt wurde), so kompensieren sich Hin- und Rückstrom nicht mehr. Dadurch wird in der ebenfalls auf den Eisenkern gewickelten U-Spule des FI-Schalters eine Spannung induziert, die ihn zum Auslösen bringt. Er kann erst wieder eingeschaltet werden, wenn der Fehler behoben ist. Empfindliche FI-Schalter schalten innerhalb von 30 Millisekunden ab, wenn der Nenn-Fehlerstrom, je nach Schaltertyp, beispielsweise 30 Milliampere erreicht hat. Wie medizinische Untersuchungen ergeben haben, tritt in dieser kurzen Zeit keine Gefährdung für den Menschen ein. Die Begrenzung des Fehlerstromes und der maximalen Einwirkdauer verhindern das lebensgefährliche Herzkammerflimmern.

Man unterscheidet zwischen FI-Schaltern für nur einen Verbraucher und solchen für eine Anlage – dieser Typ findet als Einbaugerät Verwendung. Ersterer ist besonders für kleine Yachten geeignet, die lediglich ihr Ladegerät von Land betreiben. Es gibt diese Ausführung als „Sicherheitsstekker". Die Führung des Landstromes lediglich bis an das Batterieladegerät ist die klassische Landstromausführung an Bord kleiner Yachten. Sie bringt kaum Probleme und ist relativ sicher. Über die Batterieladung wird das eingebaute Schiffsnetz so weiter betrieben, als wenn der Motor laufen und die Lichtmaschine laden würde. Nicht nur die Bordbatterie kann so leicht aufgeladen werden, auch andere elektrische Verbraucher, die den zu Hause gewohnten Komfort vermitteln, können Einzug an Bord halten. Auf den Betrieb von Heizlüfter und Fernsehgerät braucht nicht besonders hingewiesen zu werden. Der Einbau eines landstromgespeisten Kühlaggregates für die Kühlbox ist für den Eigner einer Yacht, der nachts ohnehin einen festen Liegeplatz ansteuert, geradezu ideal. Eine gut isolierte Kühlbox hält ihre Kälte einen Tag lang, und die Bordbatterie bleibt unberührt von einem Verbraucher, der ihr praktisch permanent den für andere Dinge wichtigen Strom entzieht. Mit einfachen Mitteln ist es

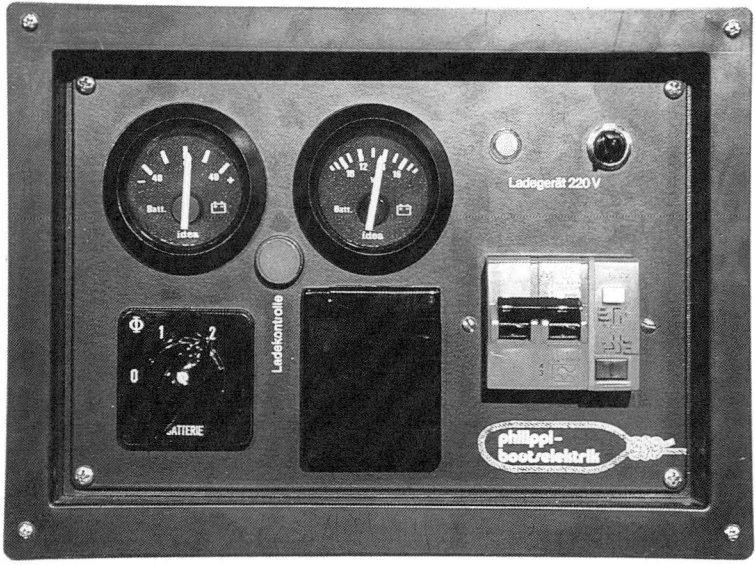

Typische Anordnung einer Landanschlußtafel mit integriertem Ladegerät. Die Wechselstromseite wird durch einen FI-Schalter überwacht, die Gleichstromseite durch Volt- und Amperemeter.

noch möglich, eine Überwachung des Landnetzes einzubauen, die Alarm gibt, wenn der Strom landseitig ausfällt oder wenn jemand den Stecker aus der Leitung zieht.

Wechselstrom-Aggregate

Kleine dieselbetriebene Stromaggregate können das gesamte Bordnetz mit elektrischem Strom versorgen.

Was in früheren Zeiten mit Lärm und Vibration verbunden war, ist inzwischen in Maschinenräumen von Yachten doppelt-elastisch gelagert und schalldicht abgeschottet, daß selbst der auf Deck über dem Maschinenraum stehende Beobachter ein Laufen der Aggregate nur noch am austretenden Kühlwasser erkennen kann. Nun wird das auf kleinen Yachten nicht ganz so komfortabel möglich sein. Dennoch sind tragbare Stromerzeuger auf dem Markt, die man ohne weiteres auch seinem empfindlichsten Stegnachbarn zumuten kann, sofern man ihnen eine gute Schallschluck-Haube anpaßt. Mit ihnen kommt auch auf kleinen Booten Wechselstrom an Bord.

Wechselstromaggregate kann man heute sehr klein und schallgedämpft bauen. Dieses Aggregat enthält sogar eine Wasserkühlung für den Generator.

Damit kommen an Land gewohnte Geräte ins Schiff, zusammen mit mehr Sicherheit für das Bordnetz, ohne Aufstocken der teuren und schweren Batterien. Eine fachmännische Installation mit dazu gehörigen Schutzvorrichtungen ist aber absolutes Muß, wenn Spannungen von 220 oder 380 Volt an Bord kommen. Dann jedoch braucht man endlich etwas weniger auf die Batterie und ihre Ladung zu achten.

Mini-Kraftwerke bis zu 2000 Watt scheinen prädestiniert für Yachten ohne eingebautes Aggregat. Diese tragbaren Stromerzeuger liefern meist außer der 220-Volt-Wechselspannung (Frequenz 50 Hertz) auch eine 12-Volt-Gleichspannung für die Ladung der Batterie. Oft sind die 12 Volt jedoch nicht geregelt, so daß es sich empfiehlt, die Ladung mit 220 Volt und zwischengeschaltetem, elektronisch geregeltem Ladegerät vorzunehmen (für eine Ladung mit Landstrom benötigt man das Ladegerät ohnehin).

Generatorseitig sind Mini-Aggregate durchweg in der Lage, spannungs- und frequenzstabilisierten Wechselstrom zu erzeugen, was für den Betrieb empfindlicher Geräte wichtig ist. (Selbst simplen Glühlampen ist eine kürzere Lebensdauer beschieden, wenn sie mit Überspannung betrieben werden.) Eine Frequenzkonstanz ist für Wechselstrommotoren wichtig, da ihre Drehzahl von der Frequenz abhängt und es zu Schäden kommt, wenn die Frequenz einmal zu niedrig wird, was durch Überlast etc. vorkommen kann. In der Regel schalten Mini-Aggregate dann jedoch automatisch ab. Empfindliches Teil ist der Verbrennungsmotor, der den Generator antreibt. Hier treten gelegentlich Schwierigkeiten mit der Zündung auf, was zum Teil mit dem schlechten Spritzwasserschutz dieser Aggregate zusammenhängt. Da er nur selten ein Diesel ist, sollte er möglichst an Deck betrieben werden, wegen der Explosibilität seines Kraftstoffes.

Für die Stromentnahme besitzen tragbare Kleinkraftwerke in der Regel eine Schutzkontaktsteckdose (Schuko), deren Schutzkontakt jedoch nicht angeschlossen ist. Sie erfüllen damit nicht die Forderungen nach VDE 0100, gelten aber als Ersatzstrom-Versorgungsanlage und entsprechen damit der Schutzmaßnahme „Schutztrennung". Es können Verbraucher mit Schutzleiter und solche mit Schutzisolierung angeschlossen werden. Wenn jedoch mehrere Verbraucher mit Schutzleiter gleichzeitig betrieben werden, dann müssen deren (metallene) Gehäuse und das Gehäuse des Bord-Aggregats leitend miteinander verbunden sein. Das geschieht über den Schutzleiter, der die Funktion einer Potential-Ausgleichsleitung übernimmt. Man verteilt die Leistung dann über einen separaten Verteiler, den man aus Schukosteckdosen aufbaut, in die die mit Schutzleiter und Schutzkontaktstecker versehenen Verbraucher eingesteckt werden. Die Schutzkontakte der Verteilerdosen müssen dann mit dem Gehäuse des Bord-Aggregates verbunden werden.

Diese „Installation" bedeutet naturgemäß fliegende Leitungen an Deck, mit einem Aggregat, das Wind und Wetter ausgesetzt ist und zudem durch direkten Motorenlärm stört.

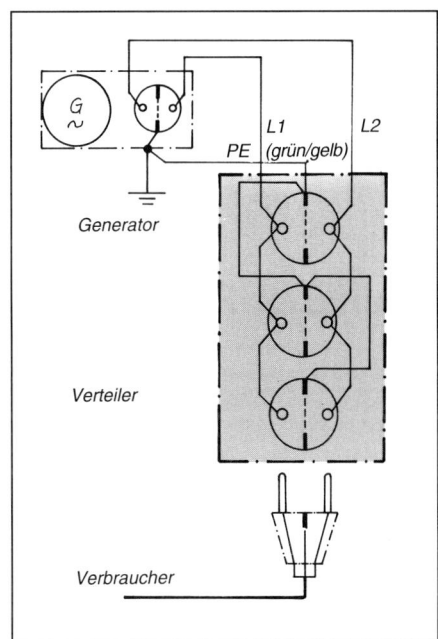

Sind mehrere 220-Volt-Verbraucher an Bord, so ist es nötig, einen Verteiler vorzusehen, der diese Geräte sicher mit dem Schutzleiter verbindet.

123

Hier sind die seltenen dieselangetriebenen, fest unter Deck installierten Aggregate vorzuziehen, die man ebenfalls in einer schalldämmenden Box unterbringt. Sie sind für Leistungen ab 2000 Watt zu haben und sollten dann ein festinstalliertes Wechselstrom-Bordnetz speisen. Das bedarf jedoch eines größeren Aufwands. Jetzt ist eine Schalttafel nötig mit Schalt- und Schutzgeräten, eine extra Startanlage und womöglich die von vielen Herstellern angebotene Automatik, die bei Einschalten eines Wechselstromverbrauchers selbsttätig den Diesel anläßt. Hier wäre dann aber schon zu überlegen, ob nicht gleich ein Drehstrom-Aggregat an Bord kommt mit den Vorteilen des Kraftstromes, mit wartungsarmem Generator und dünnerer, allerdings vieradriger Verkabelung. Mit Drehstrom können dann alle Großverbraucher versorgt werden, während für die Abendstunden und nachts weiterhin die Beleuchtung und unter Umständen die WC-Pumpen mit Batteriestrom gespeist werden. Hier handelt es sich naturgemäß um Yachten einer Länge von zirka 16 Metern an aufwärts.

Stromverteilung

Die Stromverteilung an Bord übernehmen einzelne Verteilerdosen und, als wichtigster Bauteil, die Schalttafel. Sie ist jedoch nicht nur für das richtige „Kommen und Gehen" aller Ströme zuständig. Hier werden Ströme und Spannungen und unter Umständen auch Gerätefunktionen überwacht und die zugehörigen Leitungen und Kabel vor Überlastung geschützt. Dazu ist die Schalttafel mit elektrischen Bauteilen ausgerüstet, die solche Funktionen übernehmen:

● Schalter zum Ein-, Aus- und Umschalten von Stromkreisen;
● Sicherungen und Sicherungsautomaten zum Schutz von Kabel und Gerät;
● Instrumente zur Überwachung elektrischer Werte sowie der Isolation des Bordnetzes;
● Meldelampen zur Anzeige, beispielsweise der Ladung der Lichtmaschine oder der Funktion von Positionslaternen.
Letztlich sind eine genügende Anzahl von Anschlußklemmen notwendig, als Verbindungsbauteil von zu- und abgehenden Kabeln mit der Innenverdrahtung der Tafel.

Schalttafeln

Schalttafeln können beliebig aufgebaut sein. In der Regel werden jedoch handelsübliche Paneele verwendet, die aus einer Platte mit eingebauten Schaltern und Sicherungen oder Automaten bestehen. Diese Paneele erfüllen zwar ihren Zweck, müssen jedoch an geschützter (und gut zugänglicher) Stelle eingebaut werden, was oft schwierig ist, da sie nicht in wasserdichter Ausführung geliefert werden. Bei Einbau in Holzschotten mit einer Abdeckung aus Holz müssen diese mit feuerhemmender Farbe gestrichen werden.
Besser, weil individueller und schiffsspezifischer, ist es, sich seine

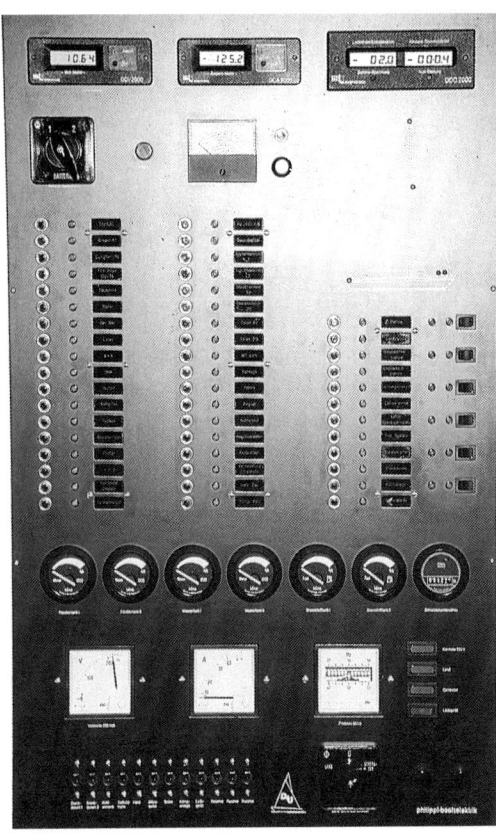

Verschiebebahnhof für große und kleine Ströme: die Schalttafel einer Yacht. Die digitalen Instrumente oben sind Volt- und Amperemeter, das große rechts zählt die (Ampere-)Stunden von Lade- und Entladestrom. Darunter liegen die Sicherungsautomaten-Reihen mit Überwachungsdioden und transparenten Bezeichnungsfeldern. Die Positionslaternen werden an einem aufgravierten Seitenriß der Yacht überwacht. Gleichstromteil (oberes Feld) und Wechselstromteil sind räumlich getrennt durch eine Reihe von Tankinhalts-Anzeigegeräten.

„Schaltzentrale" selbst zu bauen oder anfertigen zu lassen in den Abmessungen, die den Gegebenheiten im Schiff Rechnung tragen.

Erfahrungsgemäß sind großzügig angelegte elektrische Bordsysteme weniger anfällig als solche, die mit geringem Erweiterungs- und Anschlußraum auskommen müssen. Eine richtig ausgelegte Schalttafel beherbergt auch alle Verdrahtung, die nötig ist, Pumpen, Beleuchtung etc. speziell zu steuern. Konsequent ausgeführt, mit zentral eingebauter

Schalttafel, brauchte es dann keine anderen Verteiler und Abzweigdosen an Bord mehr zu geben (einmal abgesehen von der Anlaß- und Überwachungstafel im Cockpit und gegebenenfalls von einer gesondert angeordneten Positionslaternentafel mit ihren Anzeigen zur Überwachung der Laternen).

Außer der Übersicht über die Gesamtanlage, die eine gut aufgebaute Schalttafel vermittelt, übernimmt sie also Schaltung, Sicherung und Überwachung der einzelnen Stromkreise. Für jeden Verbraucher ist ein Sicherungsautomat vorgesehen, der gleichzeitig als Schalter verwendet wird. Es genügen (bei Spannung bis zu 50 Volt) einpolige Automaten in der Plusleitung. Überwachungsinstrumente, wie Amperemeter für Ladungs- und Verbraucherstrom und Voltmeter (möglichst mit gespreizter Skala im oberen Bereich) zur Kontrolle der Batteriespannung, und auch Instrumente oder Meldeleuchten zur Isolationsüberwachung des Bordnetzes werden meist im oberen Teil der Schalttafel angeordnet und, wenn die Tafel eine Abdeckung erhält (Tür oder ähnlich), in diese gut sichtbar eingebaut. So bekommt alles, was an Schalt- und Überwachungsgeräten vorhanden ist, in der Schalttafel einen Platz. Selbst der Hauptschalter, der bei Verlassen der Yacht das gesamte Bordnetz von der Batterie trennt, kann (möglichst zweipolig) hier eingebaut werden. Es empfiehlt sich jedoch, ihn an einem versteckten Platz vorzusehen, um so Unbefugten das Starten des Motors zu erschweren.

Eine so aufgebaute Schalttafel kann nach vorhergehender Planung der gesamten elektrischen Anlage als Bauteil in der Werkstatt gefertigt und braucht an Bord nur eingesetzt zu werden. Die Kabel kommen von unten und werden auf einer hier vorgesehenen Reihenklemme angeschlossen. Dazu ist jetzt ein Anschlußplan nötig, der, aus dem vorher gezeichneten Schaltplan des Bordnetzes hervorgegangen, eine Numerierung der Kabeladern enthält, die in möglichst der gleichen Reihenfolge auf den Anschlußklemmen der Schalttafel wiederkehren. Auch der Schaltplan soll diese Adernnummern enthalten, möglichst mit den verschiedenen Farben der einzelnen Adern.

Nach dem Schaltplan werden die Kabeladern, nachdem sie in die Schalttafel eingeführt wurden, numeriert. Das Anklemmen nach dem Anschluß-

1

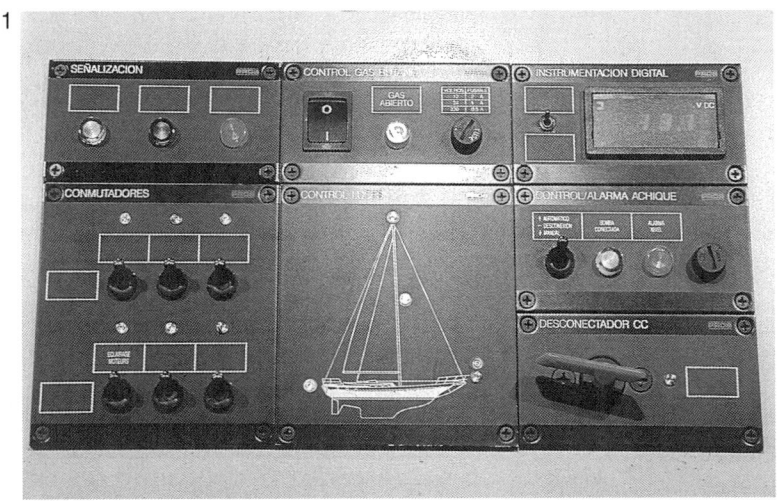

2

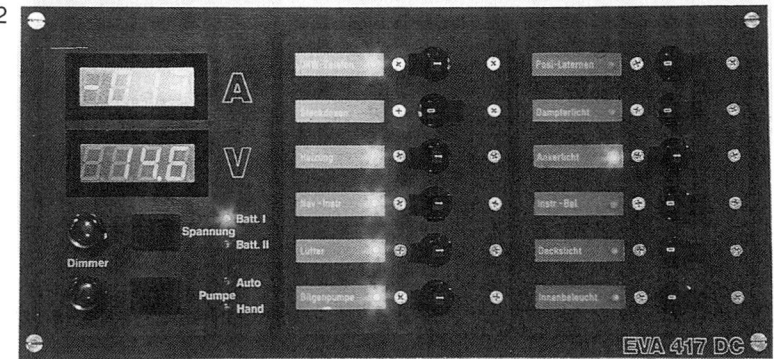

Schalttafeln können alle möglichen Formen haben: Die auf der Abbildung 1 fällt durch den integrierten Hauptschalter und die Positionslaternenüberwachung in ihrer Mitte auf. Die Schalttafel auf der Abbildung 2 überwacht Strom und Spannung digital; die einzelnen Stromkreise werden durch Leuchtdioden und Transparente angezeigt. Mit einem Dimmer kann ihre Helligkeit geregelt werden.

plan (Nummer auf Nummer) ist dann ein Kinderspiel. Man sieht schon, wie wichtig gute Pläne sind, die das gesamte elektrische Bordsystem beschreiben. Nicht nur bei der Installation sind sie eine große Hilfe, sondern auch bei einer späteren Fehlersuche das A und O. Man sollte auch alle in der Schalttafel vorkommenden Geräte bezeichnen (diese Gerätebezeichnungen sind genormt) und sie in die Schaltpläne übertragen.

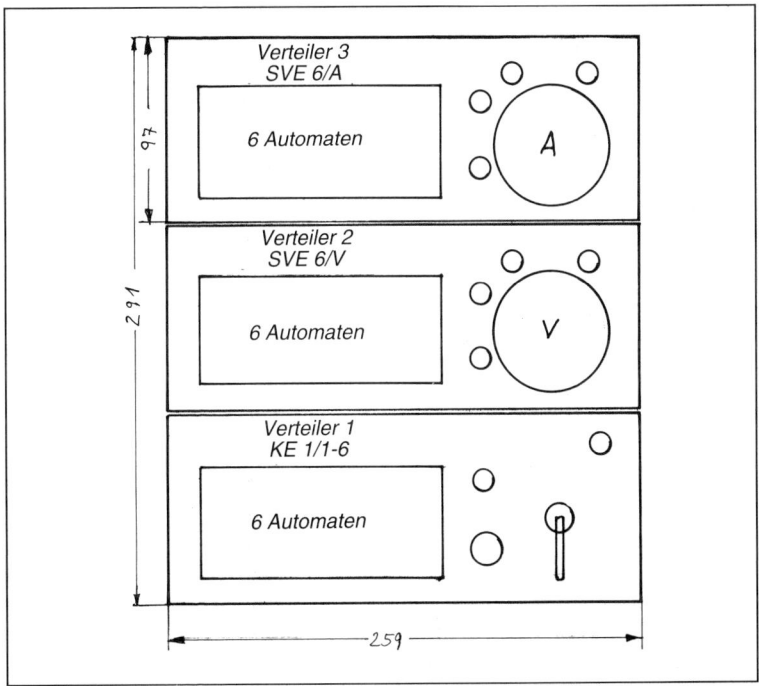

Das Schaltbild auf den folgenden Seiten, zeigt einen Bordnetzverteiler mit Schutzschaltern für jeden Stromkreis und Strom- und Spannungsmesser. Gleichzeitig ist (links) die Stromversorgung dargestellt mit Batterie und Generator und dem dazwischenliegenden Ladegerät. Die Schalttafelansicht (oben) zeigt die Anordnung der Schutzschalter und sonstigen Geräte.

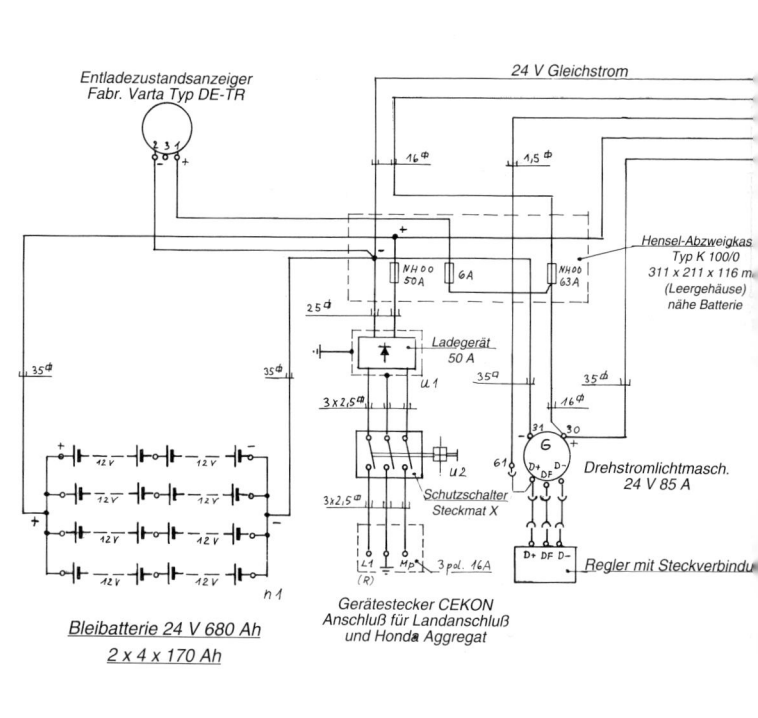

Entladezustandsanzeiger
Fabr. Varta Typ DE-TR

24 V Gleichstrom

Hensel-Abzweigkas
Typ K 100/0
311 x 211 x 116 m
(Leergehäuse)
nähe Batterie

Ladegerät
50 A

Drehstromlichtmasch.
24 V 85 A

Schutzschalter
Steckmat X

Regler mit Steckverbindu

Gerätestecker CEKON
Anschluß für Landanschluß
und Honda Aggregat

Bleibatterie 24 V 680 Ah
2 x 4 x 170 Ah

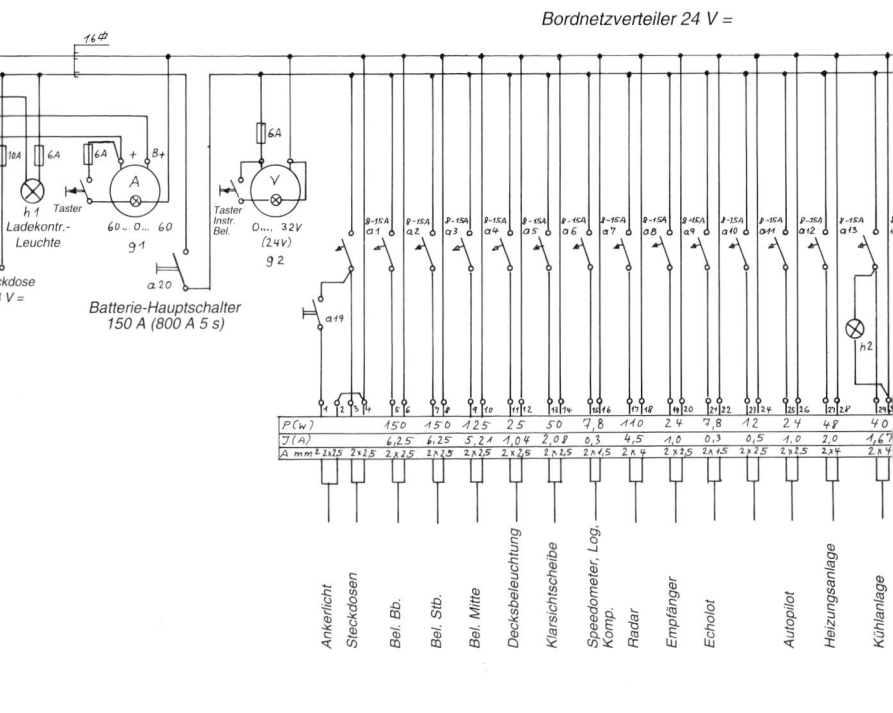

Bordnetzverteiler 24 V =

Fortsetzung Seite 130 →

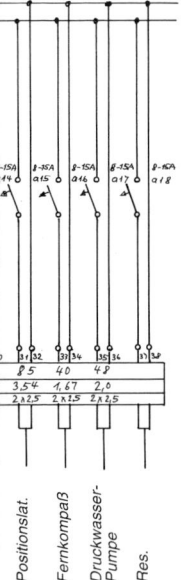

Bemerkung: Drehstromlichtmaschine darf ohne
angeschlossene Batterie nicht betrieben
werden, da sonst die Dioden zerstört
werden.
Klemme 61 der Lichtmaschine
nur mit 3 Watt belastbar.
Die Ladekontroll-Leuchte erregt
die Lichtmaschine.

Landanschlußkabel 3 x 2,5 mm²
mit Kupplungsdose Fabr. CEKON
3pol. 16 A
Hafenanschluß nach Örtlichkeit

GEÄNDERT		✶		✶
GEZEICHNET				
HYDRA 46" SLOOP				78.50.01
MASSTAB	24 V-Anlage Wirkschaltplan			ZEICHNUNGS NR.

Gerätebezeichnungen

Gerätearten	Kennbuchstabe
Schalter	Q
Hilfsschalter	S
Schütze	K
Hilfsschütze	K
Schutzeinrichtungen	F
Meßwandler	B
Meßgeräte	P
Sicht- und Hörmelder	H
Kondensatoren und Drosselspulen	L
Maschinen und Transformatoren	G, M, T
Gleichrichter und Batterien	V
Röhren und Verstärker	V
Widerstände	R
Sonstige mechanische Geräte mit elektrischem Antrieb	Y
In sich geschlossene Einrichtungen	A

Reservegeräte und -abgänge werden hier ebenfalls vermerkt, so daß letztlich jede Erweiterung und Veränderung am Bordsystem vom „grünen Tisch" aus vorgenommen werden kann. Das erspart ein Probieren an Bord, wo man nach den zuvor angestellten Überlegungen jetzt sehr leicht gezielt am Bordsystem arbeiten kann.

Jeder Eingriff in die E-Anlage wird sich so nur in der Schalttafel abspielen, wenn wirklich konsequent alle Kabel auf direktem Wege in die Schalttafel führen. Dazu soll sie naturgemäß einen gut zugänglichen Platz im Schiff bekommen. Praktisch ist es, vor dem Aufbauschott zum Salon hin ein zweites Schott vorzusehen, in einem Abstand, der der Tiefe der Schalttafel entspricht. Hier in einem Ausschnitt eingebaut, ist von der Tafel nur ihre Bedienungsseite zu sehen, während alle zu- und abgehenden Kabel zwischen beiden Schotten in einer Art Kabelkanal verlegt werden können. Desgleichen kann vom Cockpit her hinter einer Plexiglasscheibe eine Überwachungstafel vorgesehen werden, deren Kabel ebenfalls unsichtbar verlegt werden können. Diese Anordnung hat den großen Vorteil kurzer Kabelwege und einer guten Zugänglichkeit der gesamten Yacht-Elektrik.

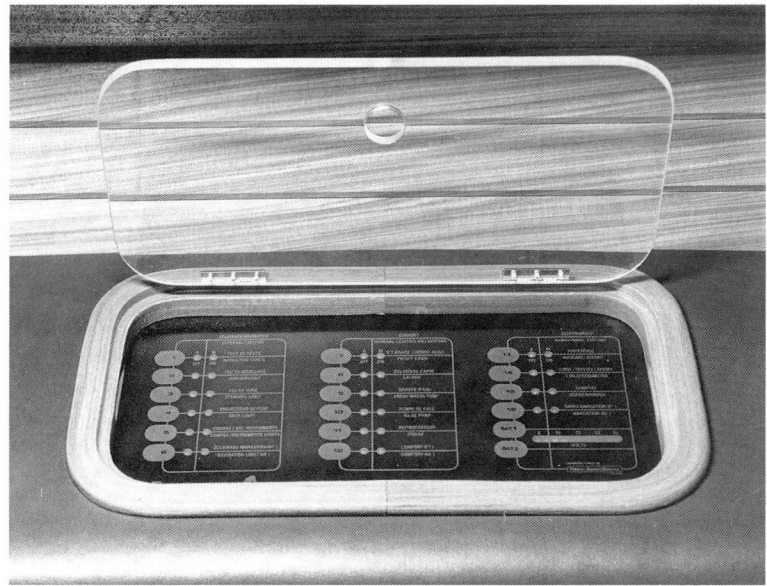

Auch das ist heute möglich, die wasserdichte Ausführung einer Schalttafelfront. Die Schalter sind kapazitiver Art und durch bloßes Antippen zu betätigen. Eine darüberliegende wasserdichte Folie macht sie seefest.

Schutzschalter und Sicherungen

Elektrische Anlagen an Bord sollen mit der gleichen Betriebssicherheit arbeiten wie die Stromversorgungssysteme an Land. Modernes Material und neuzeitliche Installationstechniken machen das möglich. Dennoch muß jede unzulässige Überlastung des Bordnetzes, Kurzschlüsse eingeschlossen, vermieden werden. Zerstörungen an Leitungen und Systemen sind die Folge, wenn nicht geeignete Schutzmaßnahmen getroffen sind. Jeder Kurzschluß und jede Überlastung entziehen dem Amperestunden-Vorrat der Bordbatterie zudem unnütz Energie.

Der Kurzschlußstrom kann in batteriegespeisten Bordnetzen einige 1000 Ampere betragen, abhängig von der Größe der Batterie (und dem Widerstand zwischen Kurzschluß und Spannungsquelle). Ein Kurzschlußstrom von beispielsweise 1500 Ampere ergibt bei einer (zusammengebrochenen) Spannung von 5 Volt eine Leistung von immerhin 7500 Watt ($P = I \cdot U$), soviel etwa, wie zwei Haushaltsherde „verbraten". Diese Leistung auf ein relativ dünnes Kabel konzentriert, wird es in kurzer Zeit so stark erwärmen, daß seine Isolation schmilzt, und es wird Brennbares, das sich in der Nähe befindet, zum Entzünden bringen. Ein einwandfreier Schutz der gesamten Yachtelektrik ist deshalb wichtig und nach VDE und den Klassifikationsgesellschaften gefordert. Die Bordschalttafel enthält aus diesen Gründen Bausteine, die diesen Forderungen nachkommen.

Lange Zeit haben Schmelzsicherungen Leitungen vor unzulässiger Erwärmung, Geräte vor Zerstörung und intakte Stromkreise durch selektives Abschalten vor dem Ausfall geschützt. Sie tun es heute noch äußerst preiswert. Doch obgleich Sicherungen auch vom Germanischen Lloyd zugelassen sind (solche mit geschlossenem Schmelzraum), ist — zumindest bei der Bestückung von Schalttafeln — ein Überstromschutzschalter, ein Sicherungsautomat, besser. Bei der Absicherung von Spannungsquelle, Leitungen und Geräten im Bereich von 6 bis 28 Volt Gleichspannung haben sie die Schmelzsicherungen weitgehend verdrängt. Die Nachteile von Schmelzeinsätzen, besonders von offenen aus der Kfz-Elektrik, sind einleuchtend: Sie besitzen keine exakte Abschaltcharakteri-

Schutzschalter gibt es mancher Art: Diese besitzen einen thermischen und magnetischen Auslöser, der nicht nur einen Kurzschluß-, sondern auch einen Geräteschutz bietet. Steckbar sind sie zudem leicht auszutauschen.

stik, ungenaue Schmelzzeiten also. Die Kontakte ihrer Sicherungsschalter sind darüber hinaus nicht korrosionsbeständig und ihr Isolierstoff nicht kriechstromfest. Außerdem ist bei solchen Einsätzen nicht auszuschließen, daß beim Auswechseln durchgebrannter Sicherungen solche mit höheren Nennstromstärken eingesetzt werden. Oft wird auch mit Draht oder Aluminium-Papier repariert − und damit ein unverantwortlicher Unsicherheitsfaktor ins E-System gebracht. Gekapselte Sicherungen mit genormten Einsätzen nach DIN 41541 könnte man einbauen. Sie gibt es für die verschiedenen Anlagenverhältnisse, nur ist auch bei ihnen die Zuordnung eines Aus-Schalters nötig mit dem Nachteil eines zusätzlichen Übergangswiderstandes.

Der automatische Überstromschutzschalter, sofern richtig ausgewählt,

Nur für empfindliche elektronische Geräte nötig: Die Auswahl eines Schutzschalters nach speziellen Kennlinien. Der Schutzschalter vom Typ B schaltet viel schneller als der Typ A.

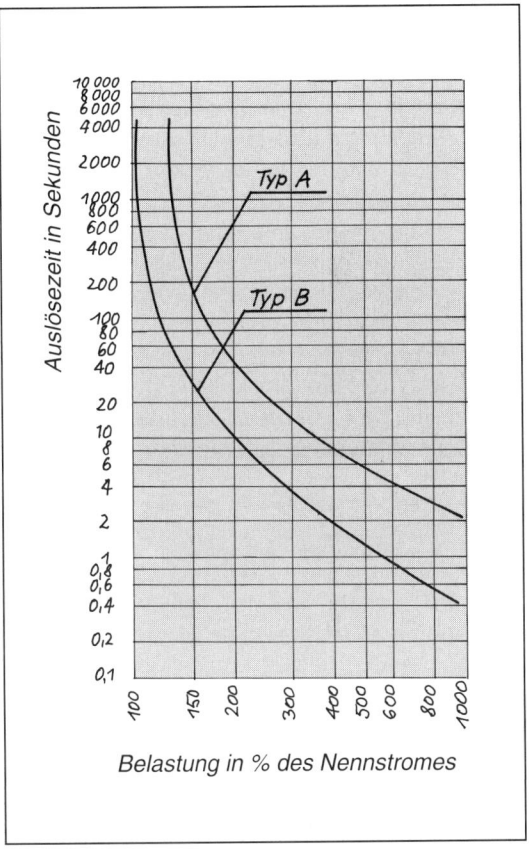

erfüllt nun alle Forderungen nach Unverwechselbarkeit der Nennstromstärken (er wird lediglich wieder eingeschaltet), Abschaltcharakteristik und Anpassungsfähigkeit. Er gestattet damit eine optimale Ausnutzung des Leitungsquerschnitts. Zu unterscheiden sind jedoch Automaten für den reinen Leitungsschutz und solchen für den Geräteschutz. Der Unterschied liegt im Auslöser: thermisch oder magnetisch. Thermische Auslöser besitzen nur eine begrenzte Kurzschlußfestigkeit, wogegen magnetische Auslöser heute 6 bis 10 Kiloampere (6000 bis 10 000 Ampere) unverzögert schalten können. Kombiniert eingebaut, schützen Magnetauslöser damit den (thermischen) Bimetallauslöser im Kurzschlußfall. Sicherungsautomaten also, die nur einen Bimetallauslöser haben, können lediglich einen sehr begrenzten Kurzschluß-Strom schalten. Ihnen muß als Kurzschlußschutz entweder eine Schmelzsicherung oder ein Selbstschalter mit magnetischer (Schnell-)Auslösung vorgeschaltet werden. Der fachgerechte Schutzschalter ist somit die Kombination von thermischer und magnetischer Auslösung. Er ist kurzschlußfest. Die Vorteile solcher Schutzschalter sind dann auch: Sofortige Wiedereinschalt-Bereitschaft, nachdem die Ursache einer Auslösung behoben ist. Es entfallen das unzulässige Überbrücken mit Draht und anderen leitenden Gegenständen und die Suche nach einem Sicherungseinsatz mit dem richtigen Nennstrom. Darüber hinaus ersetzen Überstromschutzschalter nicht nur die Schmelzsicherung, sondern da sie in fast allen Ausführungen für ein betriebsmäßiges Ein- und Ausschalten eingerichtet sind, auch den Schalter. In der Regel liegt ihre Lebensdauer zwischen 10 000 und 20 000 Schaltspielen bei Nennstrombelastung.

Bei ihrer Auswahl sind 1. Auslösecharakteristik für thermische oder magnetische Abschaltung, 2. Nennstrom-Abstufung und 3. Montagesystem zu berücksichtigen. Ansonsten ist ihre Installation ebenso einfach wie die von Schmelzsicherungen.

Leitungen und Kabel sichert man mit thermischen Überstromschaltern ab, die in allen Belastungspunkten das „thermische Abbild" der zu schützenden Leitung darstellen. Voraussetzung ist die richtige Anpassung. In Stromkreise jedoch, in denen die Kurzschlußströme Größen annehmen, die beispielsweise auch schädliche Wirkungen auf die Batterie oder den Generator haben können (das ist immer der Fall, wenn die Kabel sehr kurz sind und großen Querschnitt haben), sollten Schalter mit Kurzschluß-Schnellauslösung (thermisch-magnetisch) eingesetzt werden. Mit Rücksicht auf die Kurzschlußfestigkeit der Schalter und eine bessere Leitungsausnutzung sollte man für den Leitungsschutz auch keine thermischen Schutzschalter unter acht Ampere Nennstrom einbauen. Für

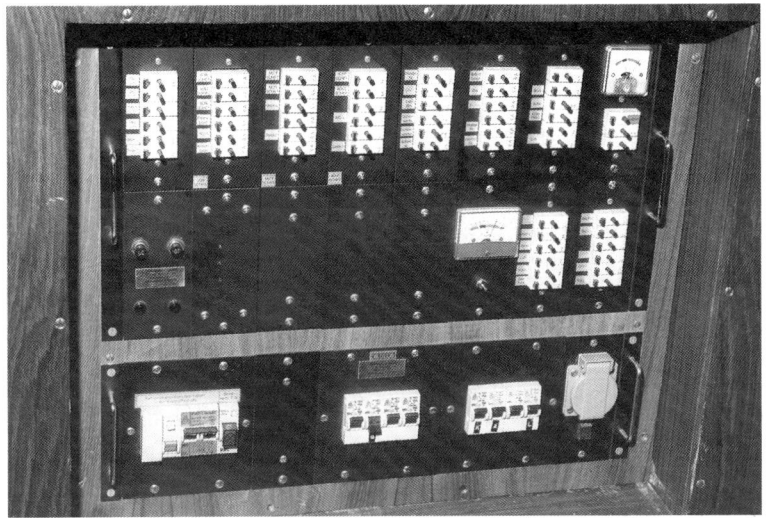

Schutzschalter sind sehr klein in ihren Abmessungen, so daß sie aneinandergereiht Platz auch in einer kleinen Schalttafel finden. Diese Tafel ist in ihrem oberen Gleichstromteil aus Feldern aufgebaut. Eine Erweiterung ist so jederzeit möglich. Der untere Teil verteilt den Wechselstrom über seine Wechselstromautomaten. Ein Fehlerstromschalter (links) und eine Kraftsteckdose (rechts) sind ebenfalls eingebaut – eine gute Lösung für Arbeiten mit dem 220-V-Lötkolben.

eine Absicherung von Geräten kann ein Schalter-Nennstrom von acht Ampere aber in manchen Fällen zu hoch ausgelegt sein. Hier ist ebenfalls eine Schnellabschaltung für den Fall eines Gerätekurzschlusses nötig, so daß für den Geräteschutz immer ein thermisch-magnetischer Auslöser eingesetzt werden sollte. Ein völlig neues Konzept hat die Firma Goldbrunner entwickelt. In ihren Schalttaffeln übernehmen elektronische Sicherungen den Schutz gegen Überlast im Stromnetz. Elektronische Sicherungen besitzen einen geringen Innenwiderstand, der den Stromkreis praktisch jedoch nicht beeinträchtigt. Er bewirkt, daß sich die Sicherung, je nach Stromstärke, mehr oder weniger erwärmt. Der Innenwiderstand verändert sich im sogenannten Haltebereich geringfügig, im Stromkreis ändert sich jedoch nichts. In einem Bereich zwischen Halte- und Abschaltstrom tritt innerhalb der Sicherung ein Wärmestau auf, der dann für eine rasche Änderung des Innenwiderstands sorgt. Dieser wird so hoch, daß nur noch fünf bis zehn Prozent des Haltestromes fließen können, die Sicherung schaltet ab. Durch Abkühlung regeneriert sich diese Sicherung von selbst. Der Verlauf des Abschaltverhaltens ist den üblichen Thermoschaltern sehr ähnlich mit einem Unterschied: Der Stromkreis wird nicht abrupt sondern weich unterbrochen, was keine Funken und somit auch keinen Verschleiß erzeugt. Es gibt diese Sicherungen für 0,9, 1,6, 3 und 5 Ampere. Sie sind für den Leitungsschutz auf Yachten prädestiniert.

In Schutzgeräten, die in die Schalttafel eingebaut sind, ist der zentrale Kurzschlußschutz (der für die Zuleitung zur Verteilung) nicht enthalten. Er muß in unmittelbarer Nähe der Batterie installiert werden, damit die gesamte Leitung geschützt wird. Auch hierfür verwendet man vorzugsweise Schutzschalter mit thermisch-magnetischer Auslösung, wenn man nicht die kurzschlußsichere Lösung vorzieht. Nach den Richtlinien des Germanischen Lloyd ist es nämlich auch möglich, das Batteriekabel so

Ist ein längeres Kabel von der Batterie zur Schalttafel nötig, schützt man es zweckmäßigerweise durch eine Schmelzsicherung gegen Kurzschluß, die in einem Kasten in Batterienähe untergebracht wird.

zu verlegen – etwa in geeigneten Rohren –, daß ein Kurzschluß ausgeschlossen werden kann. In der Tat wird ein Batterieschutzschalter sehr teuer, da er für Ströme zwischen 8000 und 10000 Ampere geeignet sein muß. Zusammen mit einem in die Nähe der Batterie einzubauenden Gehäuse steht er für kleine Yachten oft in keiner Relation zum Gesamtaufwand. Hier bieten sich wieder Schmelzsicherungen an, die den Kurzschlußschutz der Batterieleitung übernehmen und auch in der Lage sind, in Schalttafeln und Verteilern verwendete Leitungsschutzschalter (Bimetall-Schalter) mit nur geringer Kurzschlußfestigkeit zu schützen. Auch auf kleinen Yachten mit beschränkter Kapazität können nämlich erhebliche Kurzschlußströme fließen. Eine 50-Amperestunden-Batterie beispielsweise ist immerhin in der Lage, den 10- bis 40-fachen Strom des Wertes ihrer Kapazität (als Kurzschlußstrom) abzugeben. Die Belastbarkeit von Leitungen und Anlagenteilen wird damit weit überschritten.

Verwenden sollte man hier eine „Spezialsicherung" von 20 oder 30 Ampere mit einer entsprechenden (garantierten) Abschaltcharakteristik und einem Kurzschlußstrom bis zu 10000 Ampere. Wenn auch Reservesicherungen an Bord sind, kann es eine so gesicherte Yachtelektrik mit der gewohnten Betriebssicherheit der Landelektrik aufnehmen.

Überwachungsinstrumente

Die Schalttafel an Bord ist auch der richtige Einbauort für Instrumente, mit denen das elektrische Bordsystem überwacht werden kann. Ins Frontpaneel an gut sichtbarer Stelle eingebaut, helfen solche Anzeiger, Störungen an der Elektrik zu verhindern, oder sie helfen bei der Fehler-Diagnose und -Beseitigung.

Eine Spannung läßt sich nicht ohne weiteres erkennen, ebenso wenig wie der Fluß eines elektrischen Stromes. So ziemlich alles Elektrische ist abstrakter Natur, so daß man Instrumente für eine Sichtbarmachung der Elektrizität benötigt.

Ladeanzeige-Leuchte

Um feststellen zu können, ob ein Generator Spannung erzeugt, schaltet man eine Meldelampe so in das Batterie-Generatorsystem, daß sie mit ihrem einen „Bein" am Batterie-Plus und mit dem anderen an D+ des Generators beziehungsweise 61 des Reglers angeschlossen ist. Bei Stillstand des Generators und eingeschaltetem Start- beziehungsweise Zündschalter fließt ein Strom vom Pluspol der Batterie über Lampe und Regler zum Minuspol der Batterie zurück: Sie brennt. Setzt die Ladung des Generators ein, wird die Lampe merklich dunkler, bis sie völlig erlischt. Jetzt nämlich baut sich an D+ ebenfalls eine Spannung auf, die der Batteriespannung entgegengerichtet ist. Erreicht die Generatorspannung die Größe der Batteriespannung, kompensieren sich beide: Die Lampe erlischt. Gleich danach, bei etwas höherer Generatorspannung, wird geladen.

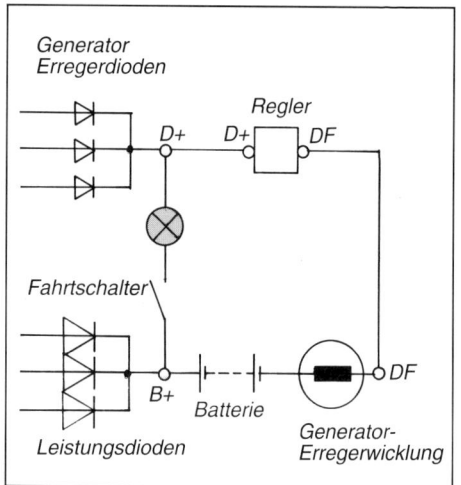

Weniger Überwachungsinstrument als Stromanzeige ist die Ladeleuchte. Zwischen D+ und B+ geschaltet, erlischt sie, wenn der Generator eine genügend hohe Spannung erzeugt und die vorhandene Batteriespannung aufhebt.

Voltmeter

In einem 12-Volt-System beträgt die Klemmenspannung des Generators 14 Volt, in einem 24-Volt-System 28 Volt. Diese höhere Spannung ist wegen des Gefälles für eine Batterieladung nötig, ohne das kein Ladestrom fließen würde. Voltmeter zur Batterieüberwachung eines 12-Volt-Systems besitzen Skalen, die die Spannung von 8 bis 16 Volt anzeigen, denn nur dieser Bereich ist interessant. Eine volle 12-Volt-Bleibatterie (Säuredichte 1,28 kg/l) besitzt eine Ruhespannung von 12,72 Volt, während sie im entladenen Zustand eine Spannung von 10,5 Volt, als sogenannte Entladeschlußspannung, hat. Das läßt sich bei richtiger Interpretation für eine vage Bestimmung des Entladezustands der Batterie verwenden. Diese Werte sind jedoch von der Größe der augenblicklichen Belastung der Batterie abhängig. Ein Messen der Spannung beispielsweise während des Startvorgangs (Belastung durch den Anlasser) schafft klare Verhältnisse. Das Voltmeter sollte direkt an die Batterieklemmen angeschlossen werden, um einen Spannungsabfall an den Leitungen auszuschließen. Der Batteriezustand läßt sich dann für den stehenden und laufenden Motor deuten. Im Stand signalisiert eine Zeigerstellung unter 11 Volt eine Tiefentladung. Die Batterie muß schnellstens nachgeladen werden. Bei laufendem Motor dagegen ist eine Spannung von 13 Volt zu wenig, während 14 Volt normal und 15 Volt zu hoch sind. Es gibt auch Geräte mit Leuchtdiodenanzeige, die in unterschiedlichen Farben an prägnanten Spannungspunkten aufleuchten. Eine mit diesen soge-

Das Bord-Voltmeter erhält eine spezielle Anzeigeskala für den Bereich, der hier interessiert, nämlich zwischen 8 und 16 V.

143

nannten Schwellspannungen arbeitende Elektronik realisiert ein Voltmeter ohne bewegliche Teile. Soll ein Voltmeter beispielsweise für das 12-Volt-Startersystem auch für das 24-Volt-Bordnetz verwendet werden (Anzeige der Batteriespannung), so kann man mit einem Vorwiderstand seinen Meßbereich erweitern und es per Umschalter für beide Systeme verwenden. Der dazu nötige Vorwiderstand errechnet sich aus

$R_v = R_e (n-1)$ $n = U_2 / U_1$

Hier ist R_v der Vorwiderstand in Ohm, R_e der Eigenwiderstand des Instrumentes in Ohm und n die Meßbereichserweiterung, die sich aus dem Verhältnis der neu zu messenden Spannung U_2 zum vorhandenen Meßbereich U_1 errechnet. In diesem Fall ist n gleich 2 (24 dividiert durch 12) und der Vorwiderstand R_v ergibt sich aus Eigenwiderstand mal 1. Er ist also gleich dem Eigenwiderstand, der beim Voltmeter in Kiloohm-Größe liegt.

Amperemeter

Vielfach wird von Energie gesprochen, die der Generator erzeugt und die Batterie speichert. Der Yacht-Elektriker kann damit jedoch wenig anfangen. Mehr interessieren ihn die Spannung und der Strom, deren Produkt die Leistung ergibt. Mit Strom wird der Elektronenfluß in einem Leiter bezeichnet und seine Größe in Ampere gemessen. Die elektrische Energie, die der Generator der Batterie zuführt, ist somit ein Strom, den man mit dem Amperemeter messen kann und dessen Höhe von der bereits in der Batterie gespeicherten Elektrizitätsmenge abhängt. Die Anzeige des Amperemeters läßt damit Schlüsse auf den Ladezustand zu. Gleichzeitig zeigt es, wann die Batterie geladen und, bei entsprechender Verdrahtung im elektrischen System, wann sie entladen wird.

Das Instrument sollte so in den Stromkreis gelegt werden, daß der gesamte Strom, der von und zu der Batterie fließt, durch das Amperemeter hindurchgeht, mit Ausnahme der hohen Ströme des Anlassers und der Ankerwinsch. Dazu verwendet man ein Instrument mit Nullanzeige in der Mitte und einem Zeigerausschlag nach links und rechts, wobei die linke (−) Seite eine Entladung und die rechte (+) eine Ladung der Batterie anzeigt. Während der Fahrt unter Motor signalisiert der Zeiger im Plus ausreichende Stromversorgung und im Minus unvollständige Versorgung durch den Generator.

Zusätzlich zur Ladeleuchte, die durch Erlöschen einen Generatorstrom meldet, zeigt das Amperemeter auch die Stärke des Stromes an. Es gibt darüber hinaus wichtige Informationen über den Zustand des elektrischen Systems. Die Höhe des Stromes zeigt Fehler in der Anlage: Ein zu hoher Ladestrom über längere Zeit (sein Wert sollte maximal zehn Prozent der Batteriekapazität betragen) signalisiert eine defekte Batterie oder einen defekten Generatorregler. Ein Entladestrom trotz Abschaltung aller Verbraucher weist auf einen Masseschluß in der Kabelanlage hin. Es lohnt sich, öfter einen Blick auf das Amperemeter zu werfen. Damit beugt man größeren Störungen, hervorgerufen durch meist geringen Anlaß, vor und schützt sich vor totalem Blackout.

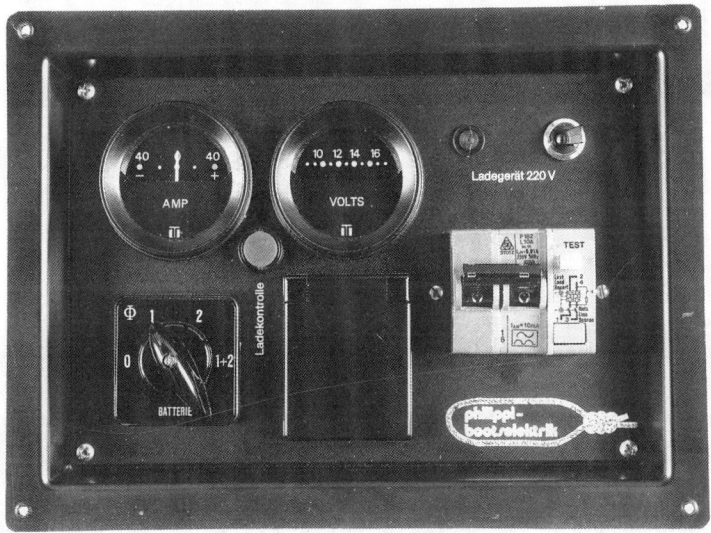

Amperemeter, wie das in diesem Ladegerät links oben eingebaute, haben ihre Nullanzeige am besten in der Mitte. Das läßt eine Messung der Stromladung und -entladung zu. Das Voltmeter zeigt lediglich den Spannungsbereich, der für die Batterieladung und -entladung entscheidend ist. Außerdem gibt es einen Batterieumschalter, der auch beide Batterien parallel schalten kann, eine Steckdose (Mitte) für 220 Volt und den obligatorischen Fehlerstromschalter.

145

Amperemeter bis zu einem Meßbereich von −30 . . . 0 . . . +30 Ampere schaltet man in der Regel direkt in die Leitung, durch die der Lade- beziehungsweise Entladestrom fließt. Das verlangt Leitungen mit großem Querschnitt, die oft schwierig zu verlegen und zu verdrahten sind. Besonders bei großen Entfernungen, wie beim „Umweg" über die Armaturentafel im Steuerstand, verwendet man besser Instrumente mit Nebenwiderstand. Das Kriterium einer Leitungsbemessung, die Einhaltung der Zwei-Prozent-Grenze des zulässigen Spannungsabfalls, läßt sich so einfach realisieren. Der Hauptstrom fließt jetzt über den Nebenwiderstand (Shunt), während nur ein geringer Meßstrom über das Instrument geht, der mit dünnen Leitungen übertragen werden kann. Die Meßleitungen müssen mit Nebenwiderstand und Instrument abgestimmt werden, da ihr Eigenwiderstand (abhängig von der Länge) in die Messung eingeht.

Die Bestimmung eines Nebenwiderstandes für ein gegebenes Amperemeter, das man von womöglich zu dicken Meßleitungen befreien oder dessen Anzeigebereich man erweitern will, erledigt sich nach der Formel:

$$R_N = \frac{R_e}{n-1} \qquad n = \frac{I_2}{I_1}$$

Dabei ist R_N der Nebenwiderstand in Ohm, R_e der Eigenwiderstand des Meßgerätes in Ohm und n die Meßbereichs-Erweiterung, die sich aus dem Verhältnis des neuen zum alten Meßbereich ergibt.

Soll also ein Gerät von 0,15 Ampere (150 mA) auf 60 Ampere vergrößert werden, dann ergibt sich die Erweiterung n zu 400. Mit dem Eigenwiderstand R_e von 10 Ohm rechnet man den dem Meßgerät parallel zu schaltenden Widerstand mit Hilfe obengenannter Formel zu 0,025 Ohm.

Batteriewächter

Es empfiehlt sich, die Bordbatterie mit nicht mehr als 80 % ihrer Kapazität zu entladen. Nur unter Beachtung dieser Grundregel erhält man dem Bleiakkumulator seine Kapazität über Jahre hinaus und kann sicher sein, daß er, wenn man ihn braucht, auch den nötigen Strom zur Verfügung hat. Die Säuredichte ist ein gutes Maß für den Ladezustand einer Batterie. Für die laufende Kontrolle scheint jedoch eine Entladespannungsmessung geeigneter, die abhängig von der Entladestromstärke durchgeführt wird. Da mit der Entladung die Spannung einer Batterie abnimmt, kann mit einer „Spannungsmessung mit Stromkompensation" auf die augenblickliche Kapazität der Batterie geschlossen werden. Die Kompensation erfolgt durch einen zusätzlichen Anschluß an einen Nebenwiderstand. Das Instrument selbst besitzt eine Skala, die in Prozent der verfügbaren Kapazität geeicht ist (0 . . . 75 %). Der Bereich von 0 bis 20 % ist rot markiert und stellt den nur in Notfällen nutzbaren Bereich dar, um einer regelmäßigen Tiefentladung zu begegnen. Neben der Anzeige mit einem Drehspulinstrument gibt es Geräte, die mit Leuchtdioden arbeiten, deren eingebaute Elektronik bei Lastschwankungen nur den Mittelwert der Entladespannung erfaßt. Erreicht sie einen Grenzwert, wird das Ende einer vernünftigen Entladung durch Blinken der Dioden angezeigt. Es ist dann an der Zeit, die Batterie nachzuladen.

Erdschlußanzeiger
Elektrische Systeme sollen so an Bord verlegt werden, daß elektrischer Strom weder über Motor und Propellerwelle noch über den Metall-Schiffsrumpf fließt. Die einzige Ausnahme, die der Yacht-Elektriker gelten lassen muß, ist die Startanlage.

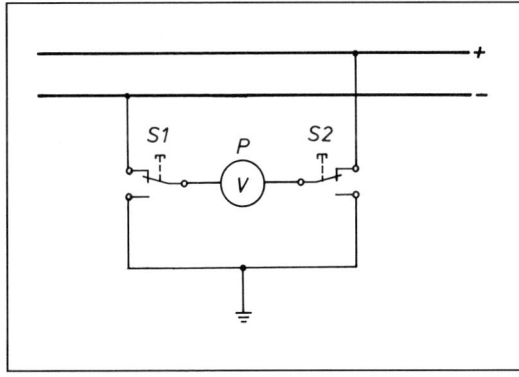

Erdschlußanzeiger: Sein Prinzip ist die Spannungsmessung zwischen Schiffsmasse und Batterie-Plus beziehungsweise -Minus. Masse-Strömen kommt man so auf die Spur.

Ansonsten kann man alle Leitungen zweipolig-isoliert verlegen. Durch Gleichstrom treten, wenn er unkontrollierte Wege über Rumpf und Propellerwelle nimmt, große Korrosionsschäden auf.

Korrosive Schäden durch mangelnde Isolierung an Kabeln und Geräten sind immer wieder zu beobachten: Lochfraß an Unterwasserschiff, Wellenbock oder Echolotschwinger.

Erdschluß-Überwachungsgeräte kontrollieren das gesamte leitend verbundene Bordsystem auf Schluß am Minus- oder Plusleiter und melden das Unterschreiten eines einstellbaren Ansprechwertes. Nach VDE soll dieser Wert je 100 Meter angefangener Leitungslänge, ohne angeschlossenen Verbraucher, 1 Milliampere nicht überschreiten. Für ein 12-Volt-System bedeutet das einen Mindest-Isolationswiderstand von 12000 Ohm. Die Meldung kann optisch durch Leuchtdioden angezeigt werden, beispielsweise grün für „Isolationswert in Ordnung" und rot für „Isolationswert unterschritten", oder sie erfolgt zusätzlich mit einem Spannungsmesser zur Bestimmung des fehlerhaften Poles und des Isolationswiderstandes jedes Leiters.

Erdschlußanzeiger werden in der Regel auch in die Schalttafel eingebaut. Sie sind nur sinnvoll in ungeerdeten Netzen. Muß der Anlasser für seinen Betrieb mit dem Minuspol gegen Motormasse liegen, ist ein Relais zwischenzuschalten, das diese Verbindung lediglich während des Startvorganges schließt.

Schaltpläne

Die verschiedenen Geräte, Bausteine und Anlagenteile zu zeichnen, die zur Beschreibung einer elektrischen Anlage nötig sind, würde allein bei der Darstellung des Bordsystems einer kleinen Yacht langwierig und zeitraubend sein. Im Laufe der Zeit hat man daher sogenannte Schaltzeichen und Schaltkurzzeichen zur vereinfachten zeichnerischen Darstellung entwickelt und sie in den DIN-Normen 40700 . . . 40719 festgehalten. DIN-Schaltzeichen stimmen zum Teil sogar mit den Zeichen der Internationalen Elektrotechnischen Commission (IEC) überein, so daß auch eine internationale Verständlichkeit gegeben ist. Doch die Schaltzeichen allein tun es nicht. Geräte werden untereinander mit Leitungen zu Bausteinen verdrahtet, und Bausteine mit den sie verbindenden Kabeln ergeben Anlagen. Für ihre Schaltzeichen bedeutet das, sie mit Strichen zusammenzuschalten zu Stromlauf- und Anschlußplänen, um Bausteine und Anlagen auch auf dem Papier darzustellen. Was dabei herauskommt, sind „Strickmuster" und abstrakte Strichkompositionen, die dem Yachteigner allzu oft suspekt vorkommen. Lieber taucht er in den Maschinenraum und kümmert sich an Ort und Stelle um fehlerhaft gewordene Elek-

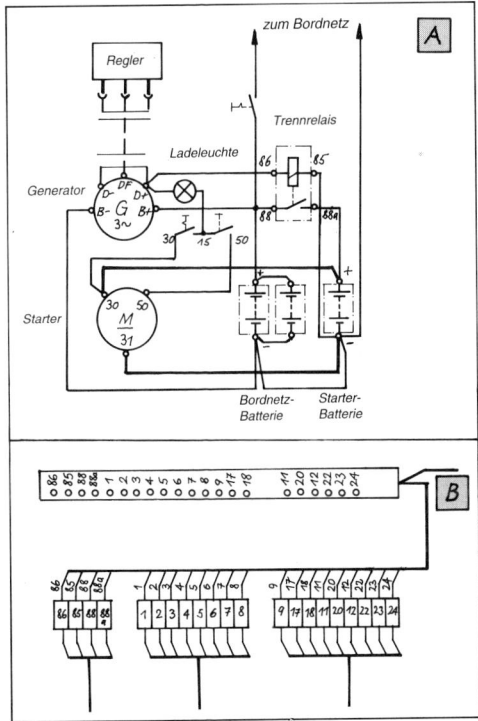

Für Schaltpläne gibt es unterschiedliche Darstellungsarten. Die Abbildung A enthält die Anordnung und Schaltung der Geräte (Ladung von 2 Batterien durch einen Generator und Starten des Motors von nur einer Batterie mit Hilfe eines Trennrelais). Die Abbildung B dagegen geht überhaupt nicht auf die dazu benötigten Geräte ein und zeigt lediglich den Anschluß der Verbindungskabel an einer Reihenklemme.

149

trik. Das muß nicht sein, denn gerade die Probleme der Elektrik lassen sich am besten „auf dem Trockenen", sprich theoretisch, an Hand von Plänen lösen.

Nach ihrem Zweck unterscheidet man zwischen Anschluß- und Stromlaufplänen und nach der Art der Darstellung noch einmal zwischen dem Anschlußplan als Klemmenplan mit Kabelführung und dem Anschlußplan mit lagerichtig angeordneten Geräten. Stromlaufpläne gibt es einmal in aufgelöster und einmal in zusammenhängender Form.

Anschlußplan

Auf ihm sind alle elektrischen Verbindungen zwischen den Geräten gezeichnet. Er zeigt die einzelnen Geräte mit ihren Anschlußnummern und, soweit möglich, lagerichtig in den einzelnen Abteilungen der Yacht, Backbord oder Steuerbord einer Mittellinie, angeordnet. In der Yacht-Elektrik dient er damit der Darstellung der Kabel im Schiff und zeigt auch, wie ihre Adern angeschlossen sind. Geräte und ihre Lage sind hier nicht maßstabsgerecht dargestellt. Auch wird auf ihre innere Schaltung verzichtet. Für den Austausch von Kabeln und Geräten sind solche Anschlußpläne eine große Hilfe. Man wählt die Klemmen-Darstellung, wenn es mehr um die Verkabelung von Geräten geht, wobei Klemmen und Reihenverbinder besonders herausgestellt werden. Wichtig ist in diesen Plänen die Angabe von Klemmen- und Adernnummern.

Stromlaufplan

Er stellt die Beschreibung einer Anlage beziehungsweise Schaltung in ihren Einzelheiten und in ihrer Funktion dar. In der aufgelösten Darstellung sind die Schaltzeichen, ohne auf räumliche Lage und mechanische Zusammengehörigkeit Rücksicht zu nehmen, lediglich nach elektrischen Gesichtspunkten angeordnet. Der Grund ist die leichte Verfolgung der Stromkreise, die hier möglichst gradlinig in sogenannten Strompfaden von oben nach unten verlaufen. Alle Schaltzeichen einer Schaltung, die in einem Stromkreis liegen, sind so untereinander angeordnet und erlauben eine systematische Fehlersuche. Die Funktion der Schaltung ist

150

jedoch nur schwer aus einer solchen Darstellung zu erkennen. Deshalb verwendet man in der Yacht-Elektrik vorzugsweise den Stromlaufplan in zusammenhängender Form, den früheren Wirkschaltplan. Hier sind die Geräte zusammenhängend dargestellt, beim Relais beispielsweise nicht Spule und Schaltkontakt getrennt. Die Innenschaltungen von Geräten sind ebenfalls in ihrem Zusammenhang miteinander gezeichnet, so daß diese Darstellungsart leicht unübersichtlich wird, trotz der Nichtbeachtung der räumlichen Lage.

Bei größeren Anlagenarten sind die Darstellungsweisen oft auch kombiniert zur besseren Übersicht des Gesamtsystems.

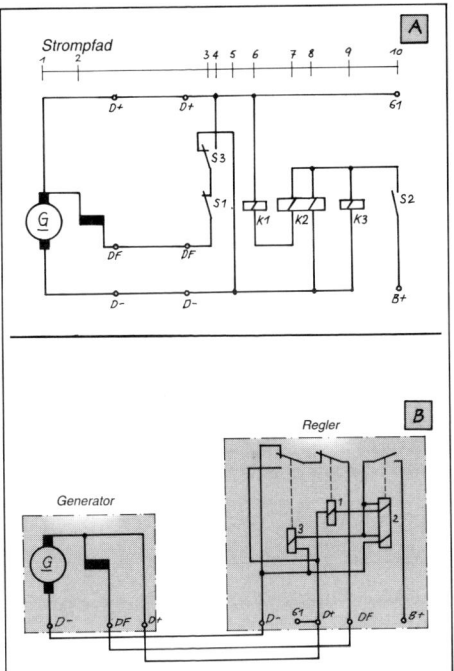

Stromlaufpläne sind die ausführliche Darstellung einer elektrischen Schaltung mit ihren Einzelheiten. A zeigt den Stromlaufplan in aufgelöster Darstellung, der eine gute Übersicht der einzelnen Strompfade bietet. B zeigt die zusammenhängende Darstellung, so wie die einzelnen Bauteile auch mechanisch aufgebaut sind.

E-Schaltpläne gehören an Bord wie Seekarten und das Logbuch. Jeder Eigner sollte auf solchen Systemdarstellungen bestehen und sie auf dem neuesten Stand halten. Dabei ist es zweckmäßig, von komplizierten Anlagen — bei kleinen Yachten vom gesamten Schiff als eine Anlage — Stromlauf- und Anschlußplan zu besitzen. Nur dann ist Yacht-Elektrik kein Problem.

Wichtig beim Lesen von Schaltplänen ist zu wissen, daß sie in der Regel in spannungslosem Zustand und die Geräte in ihrer Grundstellung gezeichnet sind. Auch ist es gut, einige Schaltzeichen zu kennen, die Bedeutung von Pfeilen und Stricharten, die verschiedene Aussagen machen, und auch, sich wichtige Klemmenbezeichnungen einzuprägen. Einige genormte Schaltzeichen und Klemmennummern sind hier dargestellt, mehr in den einschlägigen DIN-Normen, die in jedem Elektro-Handbuch abgedruckt sind.

Gerätedarstellung DIN 40 712

		Umrahmungslinie z.B. zur Abgrenzung von Geräten oder Schaltungsteilen. Elektrisch nicht leitend.
		Trennlinie zwischen zwei Schaltungsteilen.
		Schirmung von Geräten und Geräteteilen mit Masseverbindung.

Leitungen DIN 40 711

		Leitungen, unterschiedliche Strichdicke für hervorzuhebende Teile.
		Wahlweise oder nachträglich gelegt.
		Geschirmt mit Masseverbindung.
		Beweglich, lose herausgeführtes Leitungsende (Freihandlinie).
		Zusammenfassung von Leitungen zur vereinfachten Darstellung in Schaltplänen. Reihenfolge beidseitig beliebig, Leitungen sind zu kennzeichnen.
		Kreuzung von Leitungen ohne Verbindung.
		Leitungsbündel (Kabelbaum) mit Kennzeichnung der Richtung der Leitungsführung.

Verbindungen DIN 40 711

	o	Verbindung, lösbar, allgemein (Klemme oder Stecker).
	●	Verbindung nicht lösbar (Lötstelle).
		In Übersichtschaltplänen bei Verwendung von Schaltzeichen ähnl. DIN 40 700 Bl. 10 (Quadrate, Rechtecke)
	30 15 31 30 15	In Anschlußplänen werden die Anschlußklemmen innenliegend gezeichnet.
		Anschlußarten (vom Gehäuse isoliert), lösbare Verbindung, mit geschirmter Anschlußleitung, mit herausgeführtem Leitungsende (Freihandlinie) und mit Steckverbinder.
		Abzweigung und Kreuzung mit leitender Verbindung.
		Stecker (Steckerstift) und Steckerbuchse (Steckhülse). DIN 40 713.
		Steckverbinder, mehrpolig (auch Steckerleisten) DIN 40 713.
	1 2 3 1 2 3 1 2 3	Reihenklemmen (Klemmenleisten) auch mit fester und lösbarer Verbindung. DIN 40 711.

154

Erde, Masse, Antenne DIN 40 712

	⏚	Erde, allgemein (nicht Fahrzeug-masse).
	⊥	Masse, allgemein (Gehäuse, Fahrzeugmasse).
	Y	Antenne allgemein. (DIN 40 700, Bl. 3).

Kennzeichnung der Veränderbarkeit DIN 40 712

		allgemein
		stetig, linear und nichtlinear
		stufig, die Anzahl der Stufen o.ä. kann angegeben werden.
		Thermoschalter (Öffner)
	8s	Thermozeitschalter (Öffner), öffnet verzögert nach 8 Sekunden.

Transformatoren DIN 40 714

		Transformator, allgemein
		Transformatorwicklung mit Anzapfung (auch Spartransformator).
		Transformator mit Kern.

Batterien DIN 40 712

⊣⊢ ⊣⊢ – – ⊣⊢ – +	Primärelement Batterie, allgemein. Batterie mit mehreren Zellen (nach Bedarf).

Lampen, Scheinwerfer, Elektronenröhren DIN 40 717

–⊗–	Glühlampe, allgemein, mit einem Leuchtkörper (DIN 40 708).
–⊗–	Glühlampe mit zwei Leucht- körpern z.b. Biluxlampe.
⊏ x ⊐	Entladungslampe (Leuchtstofflampe)
⊐(×	Scheinwerfer im Übersichtsschalt- plan, allgemein.

Elektromechanik DIN 40 703

→ ↶ ← ↶ ↔ ↷	Kennzeichnung der Bewegungs- richtung (Wirkrichtung) nach rechts, links, nach beiden Richtungen, geradlinig oder drehend. Richtungspfeile nicht in die Leitung, sondern neben die Leitung setzen.
0 1 2 1 2 3	Kennzeichnung der Stellungen. Mit Nummerierung; die Grund- stellung (ausgezogener Strich) kann mit 0 bezeichnet werden.

Antriebe DIN 40 713

⊏⊐	Allgemein, z.B. für Relais und Schütz
⊏⊐ oder ⊏⊐	Mit einer Wicklung.

Schalter DIN 40 713

Rückgang		
selbst-tätig	nicht-selbst-tätig	
		Schließer Einschaltglied
		Öffner Ausschaltglied
		Wechsler, Umschaltglied mit Unterbrechung

Auslöser (messende —) weitere DIN 40 713

oder ⊡	Elektromagnetischer Überstromauslöser.
oder ⊡	Elektrothermischer Überstromauslöser z.B. Bimetallauslöser.

Halbleiter mit Gleichrichterwirkung
DIN 40 700 Bl. 8

▷⊢ Anode Kathode ▷⊢ P——N	Halbleiter - Diode - Gleichrichter. Durchlaßrichtung für positiven Strom in Richtung der Dreieckspitze (gleichseitiges Dreieck).

	⊣▷⊢	Z-Diode (für Betrieb im Durch-bruchbereich geeignet).
	⊣▷⊢	Thyristor, allgemein.

Transistoren DIN 40 700 Bl. 8
(Umrahmung kann entfallen)

	E⟍ ⟋C ⏚B	PNP-Transistor E = Emitter C = Kollektor B = Basis
		NPN-Transistor.

Meßgeräte DIN 40 716 Bl. 1

	◯ oder ◉	Meßinstrument, allgemein.
	Ⓥ	Voltmeter = V Amperemeter = A Ohmmeter = Ω Wattmeter = W usw.
	+ ⟶ −	Thermoelement (DIN 40 716 Bl. 6).
	▬▬▬	Meß-Stromwandler (DIN 40 714 Bl. 2).
	▬▬▬	Meß-Spannungswandler (DIN 40 714 Bl. 2).

Verschiedene Schaltzeichen

	⊣▭⊢	Sicherung (DIN 40 713).

158

	Sicherung mit Kennzeichnung des netzseitigen Anschlusses (nur in der Starkstromtechnik, DIN 40 713).
	Funkenstrecke (DIN 40 713) z.b. Zündkerze, Verteilerläufer.
	Stromabnehmer, Schleifkontakt.
oder N	Dauermagnet (DIN 40 712), Polarität kann angegeben werden (schwarz entspricht N).
	Glühkerze (Glühstiftkerze), Glühwiderstand, Glühüberwacher (DIN 40 712).
	Signalhorn (DIN 40 708).
	Lautsprecher (DIN 40 700 Bl. 9).
	Mikrofon (DIN 40 700 Bl. 9).
	Elektrischer Lüfter (DIN 40 717).
	Elektrische Uhr (DIN 40 700 Bl. 5).
	Funkstelle, allgemein (DIN 40 700 Bl. 15).
	Rundfunkempfangsgerät (DIN 40 717).
	Summer (DIN 40 708).

Strom- und Spannungsarten DIN 40 710

	—	Gleichstrom.
	∿	Wechselstrom.
	3 ∿	3-phasen-Wechselstrom (Drehstrom).
	≂	Gleichstrom oder Wechselstrom (Allstrom).

Drehstrom-Generatoren DIN 40 715

		Drehstromgenerator mit Diodengleichrichtung (Schaltkurzzeichen).
		Drehstrom-Synchrongenerator in Sternschaltung. Schleifringläufer mit Erregerwicklung.
		desgl., mit Dauermagneterregung.

Gleichstrom-Motoren, -Starter DIN 40 715

		Reihenschluß-Motor (Starter), allgemein.

		Schaltkurzzeichen, Motor, Starter (Kfz.).
		Doppelschluß-Motor.

Widerstände DIN 40 712

		Widerstand allgemein (auch Glühkerzenschaltzeichen und Heizwiderstand).
		Widerstand mit Anzapfungen.
		Veränderbarer Widerstand (mit 2 Anschlüssen).
		Potentiometer (mit 3 Anschlüssen).
		Veränderbarer Widerstand durch Motorantrieb.
		Scheinwiderstand
		Siehe Halbleiterwiderstände Nr. 20. (DIN 40 700, Bl. 8).
		Widerstand mit Fremdheizung.
		Widerstands-Stellungsgeber allgemein, DIN 40 716, Bl. 6.

161

Wicklungen, Induktivitäten DIN 40 712	
━■━ ◣	Wicklung, Induktivität, allgemein
━╥━	Wicklung mit Anzapfungen
━■━	Wicklung mit Kern aus magnetischem Werkstoff (Drossel mit Kern).

Stromverbraucher

Elektrische Verbraucher, das sind all die nötigen und unnötigen Dinge, die die Bordbatterie belasten. Da im Gegensatz zur Steckdose an Land mit ihrem praktisch unendlichen Energievorrat elektrische Energie an Bord immer knapp ist, wird es nötig, sich hier eine andere Philosophie zuzulegen, um auch Spaß zu haben an den Möglichkeiten, die die Elektrik an Bord bietet. Wer gewohnt ist, die Nächte hindurch zu lesen, sollte das an Bord mit der Petroleum-Lampe tun – eine leergefahrene Batterie ist nicht so schnell wieder aufzufüllen wie ein leergefahrener Tank. Für den Nachttörn unter Segel ist die Planung der mitzuführenden gespeicherten Strommenge ebenso wichtig wie für die Planung der Reiseroute. Letztendlich kann man auch auf die Elektrik am Motor nicht verzichten. Moderne Verbrennungsmotoren tun es oft nicht mehr ohne den elektrischen Strom. Für alle elektrischen Verbraucher gilt, sie sparsam einzusetzen im Hinblick auf den begrenzten Vorrat elektrischer Energie. Das gilt ebenso für den Milliampere-Verbrauch elektronischer Instrumente wie für den Verbrauch stromfressender Schotwinschen.

Stromverbraucher findet man auch dort, wo man sie früher nicht vermutet hat. Nur die ins Deck eingelassenen Schalter deuten auf elektrische Schotwinschen.

Beleuchtung

Licht unter Deck ist notwendig, und um die umständliche Prozedur des Anzündens eines Petroleum-Dochtes oder Gas-Glühstrumpfes zu umgehen, ist der elektrische Schalter im ersten Moment eine einfache, jedoch dann bei Licht besehen, eine aufwendige Lösung. Eine Kajütlampe von 25 Watt belastet das 12-Volt-Batterienetz mit 2,08 Ampere. Schaltet man die gesamte Salonbeleuchtung ein, kommt man schnell auf 10 Ampere, so daß man leicht an zwei Hafentagen den gesamten Stromvorrat verbraucht hat. (Eine Bord-Batterie ist in der Regel nie ganz voll, und ihre Kapazität wird weniger mit zunehmendem Alter.)

Für die Unter-Deck-Beleuchtung gilt deshalb: zurück zum Petroleum – oder zur Leuchtstoffleuchte, vielfach Transistorleuchte genannt. Sie kann hier als Beispiel eines sparsamen Verbrauchers stehen. Leuchtstofflampen sind Quecksilberniederdruck-Entladungslampen. Damit stammt ihr Licht nicht von einem bis zur Weißglut erhitzten Metalldraht wie bei der Glühlampe, wo ein großer Teil der ausnutzbaren Energie in Wärme umgewandelt wird. Sie geben Licht durch ionisierten Quecksilberdampf, der eine Emissionsschicht an den Innenseiten der Röhre zum Leuchten anregt. Ihre Lichtausbeute ist bis zu sechsmal höher, so daß eine 8-Watt-Röhre leicht an die Lichtstärke einer 25-Watt-Glühlampe heranreicht. An Bord sollte man das nutzen. Da solche Transistorleuchten einen Spannungswandler benötigen, der eine hochfrequente Spannung von zirka 100 Volt für die Zündung der Röhre erzeugt, muß man jedoch darauf achten, daß sie funkentstört sind.

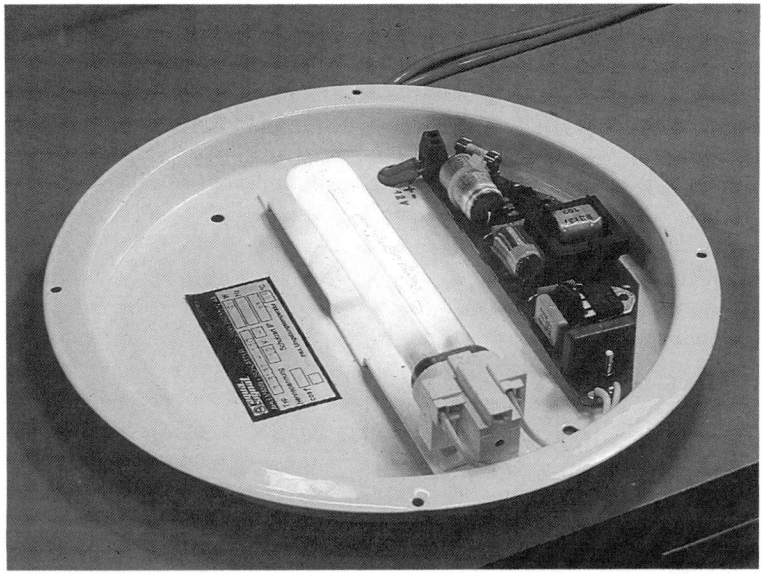

Leuchtstofflampen und sogenannte Sparlampen sind heute auch an Bord die beste Alternative. Sie zeichnen sich durch geringe Ströme und hohe Lichtleistung aus. Allerdings ist immer eine Elektronik für ihren Start nötig.

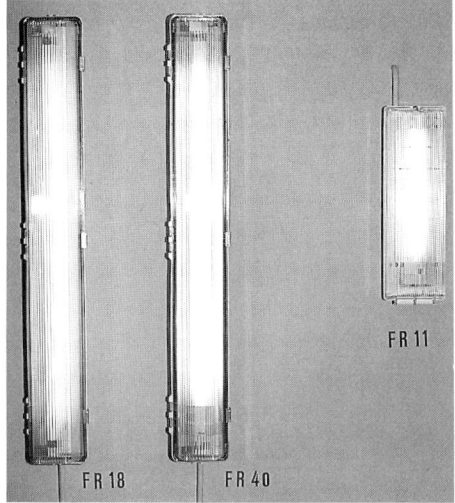

FR 11

FR 18   FR 40

Stromsparleuchten gibt es heute in vielen Variationen. Hier eine sogenannte Feuchtraumleuchte, die im Motorenraum Verwendung finden kann. Sie erreichen ihre maximale Helligkeit erst nach einigen Minuten.

Positionslaternen

Kräftige Positionslaternen sind ein Sicherheitsfaktor und nach den Kollisionsverhütungsregeln beziehungsweise der Seeschiffahrtsstraßen-Ordnung Vorschrift. Mithin dürfen nur solche Positionslaternen verwendet werden, deren Baumuster vom Bundesamt für Seeschiffahrt und Hydrographie zur Verwendung auf Seeschiffahrtsstraßen zugelassen sind. Die Tragweiten von Positionslaternen sind vorgeschrieben, daraus ergeben sich für Yachten bestimmte Glühlampenleistungen: 25 Watt, und 10 Watt für das Hecklicht. Im Rahmen der Yacht-Elektrik interessieren die Tragweiten von Positionslichtern ganz besonders, denn sie sind, eine vorschriftsmäßige Glühlampenbestückung und baumustergeprüfte Laternen vorausgesetzt, abhängig von der Klemmenspannung an den Lampen.

Die einzuhalten aber bedeutet bei kleinen Versorgungsspannungen, wie beispielsweise 12 Volt, einen oftmals größeren Leiterquerschnitt, als er nach der Belastungstabelle nötig wäre. Bei Yachten über 10 Metern kommt man damit leicht auf Querschnitte von vier Quadratmillimetern. Seiten- und Topplaternen verbrauchen immerhin je 2,08 Ampere, die Hecklaterne 0,83 Ampere. Ein Querschnitt von 2,5 Quadratmillimetern ist in einer Sportbootlaterne kaum, einer von 4 Quadratmillimetern überhaupt nicht unterzubringen. Eine Querschnittsreduzierung auf den letzten Zentimetern zur Laterne ist in der Regel nötig, die allzu oft jedoch unfachmännisch ausgeführt wurde, so daß sie zu Störungen führte. Deshalb läßt man in den „Klassifikations- und Bauvorschriften, Teil 3 — Wassersportfahrzeuge" auch einen Spannungsabfall von 5 % zu. Auf 10-Meter-Yachten kommt man damit auf einen Querschnitt von 1,5 Quadratmillimetern, für den genügend Anschlußraum in den Laternen vorhanden ist.

Eine andere Forderung des Germanischen Lloyd stellt sicher, daß genügend Strom vorhanden ist, während einer durchschnittlichen Segelnacht von 8 Stunden: Die Kapazität der Bordbatterie soll so bemessen sein, daß eine Versorgung der wichtigsten Stromverbraucher (also auch der Positionslaternen) für diese Zeit sichergestellt ist. Für eine Yacht sind damit als Minimum (Zweifarben- und Hecklaterne) 35 Watt, für ein Boot unter 12 Metern mindestens 25 Watt (Dreifarbenlaterne) bereitzustellen. Das bedeutet, mindestens 40 Amperestunden müssen für eine Yacht größer als 12 Meter Lüa allein an Kapazität für die Positionslaternen vorrätig gehalten werden.

Positions- und andere Navigationslaternen müssen zudem einzeln abgesichert oder auf kleinen Yachten mindestens als getrennte Gruppe zu schalten sein. Um dieser GL-Forderung nachzukommen, sollte man gleich ein getrenntes Schaltbrett oder gar eine kleine Schalttafel für Navigationslichter vorsehen. Jede Laternenzuleitung bekommt hier einen Leitungsschutz-Automaten vorgeschaltet, der gleichzeitig als Ein-Ausschalter benutzt wird. Ein größerer Automat, der in der Lage ist, den Gesamtstrom zu tragen, sitzt dabei in der (Haupt-)Schalttafel als Hauptschalter und -sicherung. So sind alle Forderungen erfüllt.

Bei den heutigen Möglichkeiten der Elektronik sollte man jedoch auf eine Überwachung der Positionslichter nicht mehr verzichten. Leuchtdioden (LED), klein in Leistung und Abmessungen, werden so in die Zuleitungen der einzelnen Navigationslaternen geschaltet, daß sie als Stromanzeige-

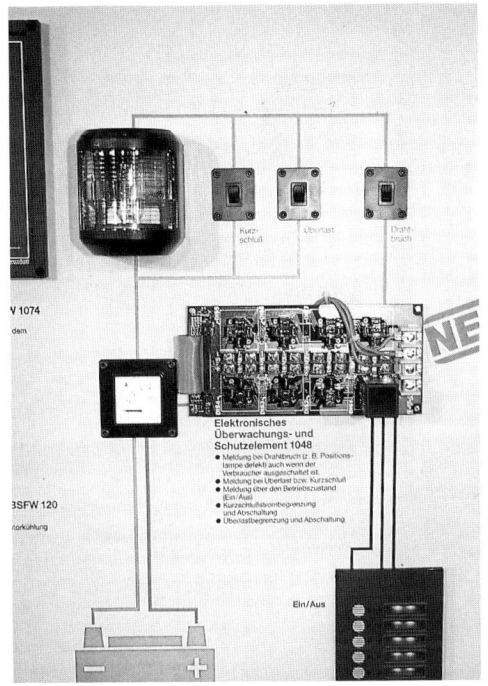

Positionslampen gehören zu den wichtigsten Stromverbrauchern. Ihre Funktion zu überwachen wird auch für kleine Boote relevant: Hier eine elektronische Überwachungseinheit für den Schalttafeleinbau, der selbst den Drahtbruch in der Glühlampe meldet.

lampe wirken. Bei Ausfall eines Positionslichts erlischt auch die zugehörige Diode und signalisiert so eine Störung. Dabei kann man die Helligkeit der LED so auslegen, daß keine Beeinträchtigung der Nachtsehfähigkeit eintritt. Manche Hersteller von Positionslaternen-Überwachungen gehen sogar so weit, daß sie die einzelnen Glühfäden der Lampen überwachen. Damit kann eine defekte Lampe bereits im Hafen entdeckt und ausgewechselt werden. Mit der Ausrüstung der Positionslaternentafel mit einem akustischen Alarm hat man seine Positionslichter völlig unter Kontrolle.

Eine Überwachung der Positionslaternen sollte auch für eine kleine Yacht obligatorisch sein. Hier durch Leuchtdioden.

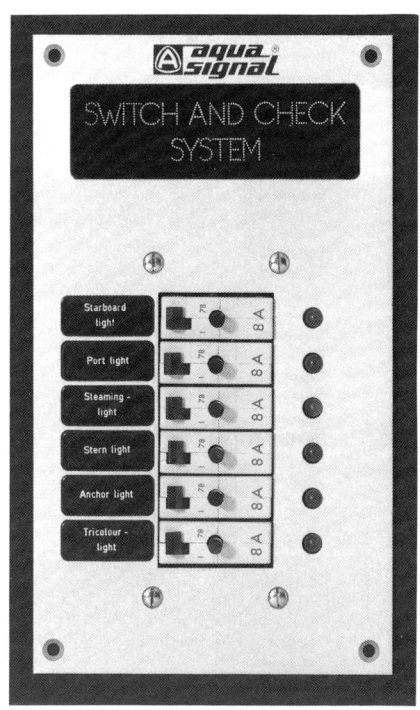

Sonstige Verbraucher

Ankerwinsch, Lüfter, Kühlbox, Frischwasser- und Bilgepumpe, Telefon und Radar – die Liste der elektrischen Verbraucher ist oftmals lang. Ihnen allen gemein ist jedoch die Versorgung mit Spannung aus dem Bordnetz, die von der Batterie über die Schalttafel zu den Anschlußklemmen führt. Das Prinzip von Anschluß, Absicherung und Schaltung ist für alle 12- oder 24-Volt-Verbraucher gleich. Lediglich unterschiedliche Ströme nehmen sie auf, und hier sollte jeder verantwortungsvolle Skipper wissen, ob er es mit einem großen oder mit einem kleinen Stromverbraucher zu tun hat. Die Einschaltzeiten seiner Geräte kann er darauf abstim-

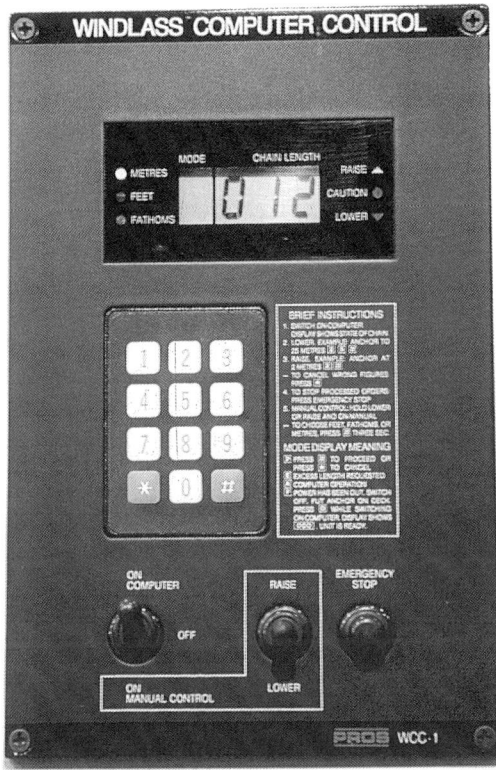

Einer der großen Verbraucher auf einer Yacht ist die Ankerwinsch. Rechnergesteuert kann man indessen auch ihren Strom auf ein Minimum reduzieren. Mit dieser Computer-Regelung läuft die Ankerwinsch so lange, wie nötig ist, die vorher eingegebene Ankerleinenlänge zu fieren, beziehungsweise einzuholen. Die Anzeige gibt die Länge in Metern an.

men – im Sinne eines ökonomischen Stromhaushalts und eines damit verbundenen funktionsfähigen elektrischen Systems. So können die Milliampere der Segelinstrumente in einer durchsegelten Nacht mehr Strom verbrauchen, als die hundert Ampere des Anlassers, der ja nur Sekunden läuft. Das hat man im Griff. Weniger gut indes kann man beispielsweise den Stromverbrauch einer Kühlbox einschätzen, wie alle Verbraucher, die sich automatisch einschalten. Hier lohnt es sich, ihre Einschaltzeiten zu kontrollieren.

Motor-Elektrik

Neben Generator und Batterie ist der Starter prägnantes Bauteil einer Motor-Elektrik. Er ist fester Bestandteil des Verbrennungsmotors, denn der Zahnkranz an der Schwungscheibe und die Befestigung und Leistung des Starters müssen zum Motor passen. Der Starter wird deshalb vom Motorenhersteller festgelegt. Und man muß sich um ihn kümmern. Schließlich ist er der mit Abstand größte Verbraucher eines batteriegespeisten Gleichstrom-Netzes, wenn auch nur kurzzeitig.

Starter oder Anlasser sind Reihenschlußmotoren, das heißt, Feld- und Ankerwicklung sind in Reihe geschaltet, da sie ein hohes Drehmoment aufbringen müssen – um den Motor aus der Ruhelage „loszubrechen" und den Kompressionsdruck zu überwinden. Die notwendige Energie dazu liefert die Starterbatterie. Die Feldwicklung des Starters ist so aus-

Motorelektrik ist in erster Linie der Generator mit seinen Anschlüssen. Sie werden heute durchweg zweipolig ausgeführt.

gelegt, daß sie ein starkes Magnetfeld erzeugt, um auf das erforderliche Drehmoment zu kommen. Die Stromaufnahme ist jedoch nur bei geringer Anlasser-Drehzahl sehr hoch. Mit zunehmender Drehzahl wird im Anker eine Gegenspannung induziert, wodurch der Strom sich verringert. Die Batterie braucht damit nur im Anlauf hohen Strom zu liefern. Bei Betätigen des Startschalters wird das Ritzel durch das Einrückrelais in den Zahnkranz eingespurt und dann der Startstrom eingeschaltet. Das Ritzel schraubt sich dabei durch den drehenden Anlasseranker auf einem Steilgewinde in den Zahnkranz hinein, der Anker wird kraftschlüssig und dreht den Motor durch. Sobald der anspringende Motor den Starter überholt, löst eine Rollen-Freilaufkupplung die Verbindung zwischen Ritzel und Ankerwelle und schützt so den Anker vor zu hohen Drehzahlen. Das Rit-

Der Anlasser gehört zu den Stromgroßabnehmern, jedoch nur kurzzeitig. Aus diesem Grunde kann man seine einpolige Anordnung akzeptieren. Das Startrelais ist nötig, um seine Einrückspule zu betätigen. Der Anlasser ist ein im Dieselmotor-System integriertes Bauteil. Er sitzt über dem Zahnkranz. (1) Anlassermotor, (2) Einrückspule, (3) Startrelais.

zel wird nach Loslassen des Startschalters durch Federkraft zurückgeführt. Der Motor läuft.

Die Starterbatterie soll in ihrer Größe begrenzt werden, um eine mechanische und thermische Überlastung des Starters zu vermeiden. Der Startermotor nämlich entnimmt der Batterie, auf Grund seiner Konstruktion, so viel Strom wie er bekommen kann, was heißt, so viel wie die Batterieplatten hergeben. Eine kleine Batterie mit eingeschränkter Kapazität wirkt da wie ein Überlastschutz. Die Kapazität der Batterie gibt daher der Starterhersteller an. Yachten, die auch das Bordnetz aus der Starterbatterie speisen, benötigen jedoch mehr Kapazität, da ihre Batterie ohnehin nie ganz voll ist. Damit verliert man aber auch den Schutz des Anlassers durch die Batterie.

Anlasser sind Stromfresser. Ein Starter mit einer Leistung von 736 Watt (1 PS) nimmt bei 12 Volt einen Strom von 390 Ampere auf. Das ist der Kurzschlußwert, der beim Losbrechen des Diesels auftritt bei einer Batteriekapazität von 44 Amperestunden. Bei 66 Amperestunden, die gleichzeitig die maximal zulässigen für diesen Starter sind, erhöht sich der Strom auf 426 Ampere. Man erkennt die strombegrenzende Wirkung der Batteriekapazität.

Zur einwandfreien Funktion des Anlassers gehört dann ein genügend großer Leitungsquerschnitt. 426 Ampere Starterstrom benötigen unter Berücksichtigung der Leitungserwärmung und eines Spannungsverlustes von 0,5 Volt für eine nur 1,9 Meter lange Starterhauptleitung einen Querschnitt von aufgerundet 35 mm². Die Stromrückleitung erfolgt in der Regel über die Motormasse. Der Batterieminus soll aber so weit wie möglich in Anlassernähe angeschlossen werden, um eine gute Rückleitung sicherzustellen.

Motorüberwachung

Unter Motor-Überwachungssystem fällt eine einzige vorhandene Meldeleuchte für Schmieröl-Druckminimum ebenso wie eine vollautomatische Alarmanlage, bei der integrierte Schaltkreise die gesamte Überwachung des Motors übernehmen. Für kleine bis mittlere Yachten genügt allerdings die Überwachung der Kühlwassertemperatur, der Öltemperatur

Zur Motorüberwachung bedarf es oft einer komplizierten Verkabelung. Schalt-, Meß- und Überwachungsleitungen treffen in einer Überwachungstafel zusammen und speisen hier die jeweiligen Anzeiger. Die Tafel ist mit Drehzahlmesser (Mitte) als dem wichtigsten Instrument, Kühlwassertemperatur (oben links) und Schmieröldruck (oben rechts) ausgerüstet. Ebenfalls integriert sind (untere Reihe) Kraftstofftank-Anzeiger, Ladeleuchte, Startschloß und Voltmeter.

und des Öldrucks. Nimmt man Umdrehungsanzeiger und Betriebsstundenzähler hinzu, dann ist das eine Überwachungsanlage, die für einen normalen Schiffsdiesel ausreicht. In der Regel baut man Instrumente ein, die mit viel Chrom den Fahrstand jeder Motoryacht zieren, aber auch in mattschwarz, wie auf Überwachungstafeln von Segelyachten. Dazu gehören entsprechende Geber am Motor, die Meßwerte in Form von elektrischen Signalen an das Meßgerät geben, manchmal auch verstärkt und umgewandelt durch eine Elektronik.

Drücke werden direkt mit Rohrfedermanometer gemessen, wenn die Entfernung zwischen Motor und Überwachungstafel klein ist. Bei großen Entfernungen verwendet man besser einen Widerstands-Ferngeber, der dem Druck analoge elektrische Werte auf ein elektrisches Meßwerk gibt.

Für die Temperaturmessung verwendet man an Bord ohnehin Fernther-
mometer mit elektrischer Übertragung. Sie sind in der Regel Wider-
standsthermometer. Ihre Geber enthalten einen Platindraht, dessen
Widerstandsänderung abhängig ist von der Änderung der Temperatur.
Drehzahlmesser kleinerer Yachten besitzen entweder einen eigenen
Generator, der als Geber an einem Antrieb des Motors sitzt und eine dreh-
zahlabhängige Spannung auf ein Meßwerk gibt, oder sie bekommen
diese Spannung vom Drehstrom-Generator, der dann einen extra Dreh-
zahlanschluß besitzt (Klemme W).
Wirkungsvoller für die Erkennung einer Störung am Motor ist die Integra-
tion seiner Meßstellen in eine Alarmanlage, die an zentraler Stelle alle
Motorgrenzwerte bekommt. Der Vorteil dieser Überwachung liegt darin,
daß eine Störung im Moment des Entstehens erfaßt und gemeldet und
nicht erst bei einer Kontrolle der Instrumente bemerkt wird. Dazu erhalten
alle zu überwachenden Funktionen geeignete Geber, die gegenüber den
kontinuierlich arbeitenden Meßwertgebern zwei definierte Zustände
anzeigen, nämlich „Ein" und „Aus". Die Signale gehen in ein Schaltgerät,
die Alarmzentrale, wo sie weiterverarbeitet werden. Man verwendet dazu
Logikschaltungen, die im Falle einer Störung das ankommende Signal
auf den dazugehörigen Melder geben, in der Regel ein akustischer Alarm
(Horn) und eine optische Anzeige innerhalb eines gemeinsamen Leucht-
feldes. Das Alarmtableau enthält solche Felder für alle Alarme. Die darin
eingravierten Störstellen sind meist erst lesbar, wenn ein Feld aufleuch-
tet, bei Auftreten einer Störung per Blinklicht. Ein eingebauter Taster
ermöglicht es, den Alarm zu quittieren: Der akustische Alarm erlischt
dann, und das Blinklicht geht in Dauerlicht über. Es bleibt so lange bestehen, bis die Störung beseitigt ist. Alarmschaltungen sollen nach dem
Ruhestrom-Prinzip arbeiten: Der Alarm wird durch Öffnen des Geberkon-
taktes ausgelöst. Um Fehlalarme zu verhindern, ist eine Ansprechverzö-
gerung von etwa einer Sekunde nötig.
Einer besonderen Behandlung bedürfen Motorenalarme wie Öldruck-
oder Ladeluftalarm. Hier baut sich der Normalzustand erst nach einigen
Sekunden Laufens auf. Es muß also sichergestellt sein, daß der Motoren-
alarm nicht auslöst, bevor der Öldruck sich aufgebaut hat. Jeder Motor-

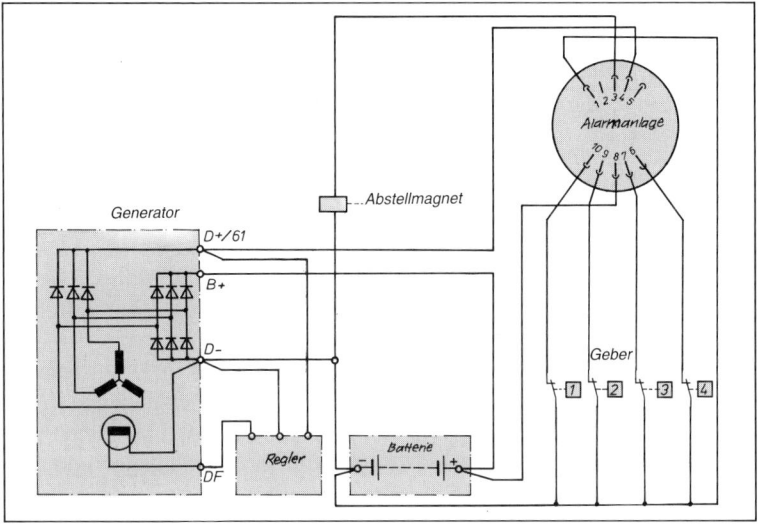

Labels visible in figure: Generator, Abstellmagnet, Alarmanlage, D+/61, B+, D-, Geber, DF, Regler, Batterie

Eine Alarmanlage macht auf die Meßwertanzeiger aufmerksam. Das Schaltbild zeigt die Anordnung eines Drehstromgenerators mit Regler und Batterie, dessen Kontakt D+/61 die Alarmanlage einschaltet. Die Geber 1 bis 4 sitzen am Motor, ihre elektrischen Leitungen führen direkt ins Alarmgerät.

start würde sonst vom Hupen des Alarmhorns begleitet. Elektronische Alarmzentralen besitzen deshalb Alarmsperren, die nach Betätigen des Starterknopfes den Alarm für kurze Zeit unterdrücken. Man nimmt diese Sperrung teilweise auch mit einem Druckschalter vor, der in die Kraftstoff-Leitung eingebaut ist. Dieser Schalter gibt das Alarmsystem über den Druck der Kraftstoff-Pumpe frei. Die Überwachung des Schiffsmotors ist von primärer Bedeutung, wenn der Motor, eingepfercht in einer Motorkiste, für eine Kontrolle seiner Betriebswerte schwer zugänglich ist. Ganz besonders aber auf Segelyachten, die ihn lediglich als Hilfsmotor fahren, sind Warn- und Überwachungssysteme wichtig.

Entstörung

Wenn der Wetterempfang oder der einseitige Funkverkehr ohne störende Nebengeräusche vonstatten gehen soll, ist eine Entstörung der an Bord vorhandenen Anlagen nötig, vorzugsweise der E-Anlage. Doch elektrische Störquellen sind nicht nur als Rauschen, Krachen und Knattern im Lautsprecher zu hören, sie können auch die Messungen des Decca-Navigators oder die Anzeige eines Speedometers verfälschen.

Plötzlich sich ändernde elektrische Vorgänge, wie das Betätigen eines Schalters, wodurch Funken entstehen, rufen solche Funkstörungen hervor. In erster Linie sind es aber die Stromabnehmer-Bürsten der Generatoren, die Kontaktfunken erzeugen, und auch die Dioden in Drehstromgeneratoren. Thyristoren, wie sie in Reglern und Überspannungsschutzgeräten verwandt werden, Spannungswandler einfacher Leuchtstofflampen, elektrische Instrumente und Zündfunken von Zündanlagen und ihre Verteiler und Unterbrecher sind darüber hinaus hervorragende Störsender. Aber auch Wackelkontakte in stromdurchflossenen Leitern, elektrostatische Aufladungen von Keilriemen des Generators und Aufladungen von Drähten des Riggs und Bowdenzügen senden Störfrequenzen aus. Wechselnde oder schlechte Berührungen großer Metallteile untereinander, wie Tanks und gar die sich drehende Propellerwelle stören durch statische Aufladungen.

Abschirmung

Eine wirksame Entstörung strahlender Störer erreicht man durch Abschirmung, das heißt, durch lückenlose und leitfähige Umhüllung der Störer und aller mit ihnen verbundenen Leitungen. Damit wird ein Nachaußendringen von Störwellen verhindert. Als Sekundärmaßnahme ist sie oft eine billige Form der Entstörung, wenn man der Störquelle nicht habhaft werden kann (Primärentstörung). Die Abschirmung von Kabeln und Leitungen besteht aus einem Kupfergeflecht, während zur Schirmung von Geräten metallische oder metallbeschichtete Gehäuse verwendet werden. Wichtig dabei ist die gute leitende Verbindung der Abschirmungen

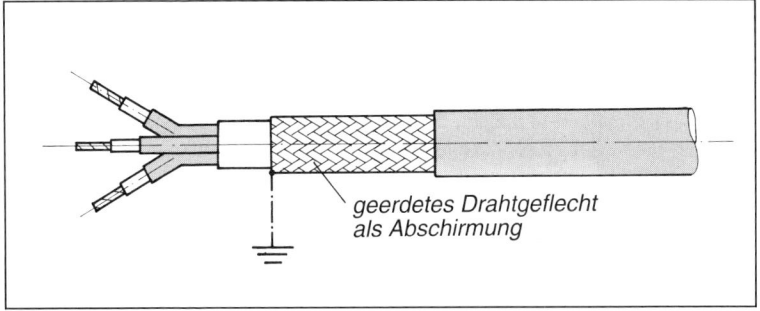

geerdetes Drahtgeflecht
als Abschirmung

Eine wirksame Entstörung schafft man durch geeignete Abschirmung. Das macht spezielle Kabel nötig, mit leitendem Drahtgeflecht, das geerdet wird.

untereinander. So muß die Kabelabschirmung guten Kontakt mit dem Gehäuse haben, da die gesamte Anlage praktisch einen Käfig darstellen soll, der keine Störfrequenz austreten läßt. Alle Abschirmteile müssen außerdem an Schiffsmasse geerdet werden, bei Holzrümpfen an Motormasse oder an der für die einwandfreie Funktion von Funkgeräten installierte Erdungsplatte. Die Entstörung durch Abschirmung ist sehr wirksam. Es sollte daher als Mindestaufwand auch auf Yachten abgeschirmtes Kabel verlegt werden.

Störfrequenz-Löschung
Die Entstörung an Geräten wird in den meisten Fällen mit Kondensatoren vorgenommen. Das Prinzip dieser Entstörung ist, die Störwellen durch den Kondensator zur Masse abzuleiten. Das muß auf dem kürzesten Weg geschehen.
Für Entstörungen im Kurzwellen- und UKW-Bereich verwendet man Durchführungskondensatoren, die als Entstörfilter eine zusätzliche Drosselspule enthalten. Sie verhindert das Eindringen von Störwellen ins Leitungsnetz. Für alle anderen Wellenbereiche benutzt man Parallelkondensatoren. Entstörungsmaterial und die erforderlichen Durchführungs- und Parallelkondensatoren erhält man beim Yacht-Elektroniker. Solche aus

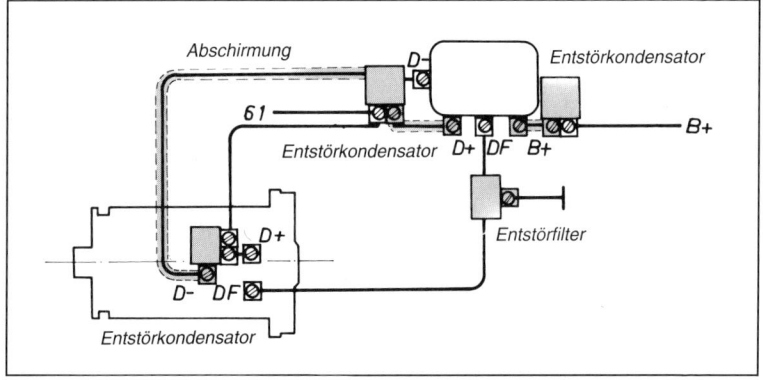

Die Skizze zeigt eine Entstörung durch gleichzeitige Störfrequenz-Löschung über Entstörfilter und -kondensatoren bei gleichzeitiger Abschirmung.

dem Kfz-Bereich reichen oft nicht aus, da man sich hier nicht um so exotische Frequenzen wie die für Decca, Loran C und Satnav zu kümmern braucht.

Erden

Wantenspanner und Wanten, sowie andere metallische Teile, wie Gelenke an Motorsteuerungen, haben infolge von Erschütterungen eine mal bessere, mal schlechtere Verbindung untereinander. Der Übergangswiderstand an den Berührungsstellen ändert sich daher während der Fahrt in rauhem Wasser. Sind diese Teile aus irgendwelchen Gründen elektrostatisch aufgeladen, was in oder nach einem Gewitter beim Rigg einer Segelyacht der Fall ist, so gleichen sich diese entsprechend der plötzlichen Änderung des Übergangswiderstandes sprunghaft aus, was Störwellen zur Folge hat. Diese Störer sind durch Masseverbindungen zu entstören, die einen Ausgleich der elektrischen Ladungen bewirken. So kann ein Überbrücken der Wantenspanner mit Kupferdraht Radiostörungen aus dem Rigg beseitigen. Das gleiche gilt für die Propellerwelle, die sich oft genug als Störer entpuppt durch statische Aufladung beim Dre-

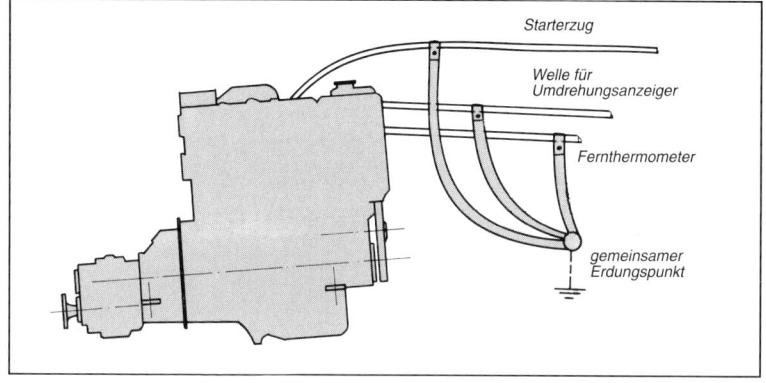

Beweglichè Metallteile wie Wellen und Starterzüge entstört man durch Erdung.

hen. Hier schafft ein Schleifkontakt, der die Welle mit der Schiffsmasse verbindet, Abhilfe. Geeignete Erdungsleitungen sind vor allem breite Kupferlitzen, mit denen auch stehendes Gut geerdet werden soll. Ist das nicht möglich, dann muß das Rigg für eine Entstörung mit Isolatoren versehen werden, wie man sie auch als Antennen-Isolatoren verwendet. Das ist wichtig, wenn man mit dem Handfunkpeiler aus dem Niedergangsluk heraus peilen will.

Entstörwiderstände

Die größte Störquelle auf einer Yacht ist die Hochspannungszündanlage des Ottomotors. Hier nimmt man eine Entstörung mit Entstörwiderständen vor, die die hochfrequenten Störwellen dämpfen. Diese Widerstände müssen nahe der Störquelle eingebaut werden, da sonst das Leitungsstück zwischen Funkenstrecke und Widerstand ungehindert als Sekundärstrahler wirken kann. In entstörten Zündkerzen-Steckern und im Läufer des Zündverteilers sind solche Entstör-Widerstände eingebaut. Bei der Entstörung von Zündanlagen ist unter Umständen auch der Abstand zur Antenne wichtig. Außenbordgetriebene Yachten sollten daher das Achterstag nicht als Empfangsantenne benutzen.

Entstör-Maßnahmen werden oft kombiniert angewandt. Bei einer erweiterten Maßnahme werden Generatoren durch Abschirmung und durch Kondensatoren entstört. Bei an Bord einzubauenden Geräten wie Leuchtstoffleuchten oder Pumpen-Motoren, die starke Funkstörungen verursachen können, sollte von vornherein auf den Funkstörgrad geachtet werden, der – bei Yachtausrüstungen manchmal – auf dem Typenschild steht.

Wartung und Fehlersuche

Auch wenn die Werft ein gutes E-System installiert hat, kommen Störungen vor. So bedarf die Bordbatterie einer sporadischen Ladung außerhalb der normalen Ladezeiten durch den Generator während des Motorens. Der Säurespiegel der Batterie muß überprüft und ihre Pole (Anschlüsse) müssen mit Säureschutzfett oder Vaseline eingefettet werden. Überhaupt sollten von Zeit zu Zeit die Anschlußkästen aller elektrischen Verbraucher, Verteiler- und Steckdosen und Schalttafeln geöffnet und ihre Anschlüsse auf guten Kontakt überprüft werden. Einsprühen mit Kontaktspray verhindert hier Korrosion und unterwandert Feuchtigkeit. Auch für Generator, Anlasser und anderes elektrisches Gerät stellt ein regelmäßiges Überprüfen Voraussetzung für funktionierende Yachtelektrik dar. Während Schlechtwetterperioden im Hafen oder an Flautentagen kann man leicht etwas für das E-System tun und damit Störungen vorbeugen. Stellen sich dennoch Fehler ein, ist die elektrische Anlage dann kein Buch mit sieben Siegeln mehr, und man kann einfache Störungen mit Bordmitteln beheben.

Werkzeug
Für die normale Überprüfung braucht man weder Elektriker zu sein, noch benötigt man spezielles Werkzeug. Drei verschiedene Schraubenzieher

Wichtiges Instrument für die Arbeit am E-System einer Yacht ist ein geeignetes Meßgerät. Es sollte auch größere Ströme messen können. Mit diesem Multi-Instrument kann man Wechsel- und Gleichspannungen messen (linkes oberes und unteres Schalterfeld). Abgelesen wird auf der ersten (Gleich-) und auf der zweiten (Wechsel-)Skala von oben. Das Schalterfeld unten rechts gehört zur dritten Skala: Man prüft damit Widerstände und den Durchgang von Kabeln und Leitungen.

(drei bis acht Millimeter), einen Seitenschneider, ein Kabel- oder Takelmesser, eine Quetschzange mit diversen Kabelverbindern und Kabelschuhen und eine Prüflampe oder ein Meßgerät sollten jedoch an Bord sein. Wenn dann noch einige Meter Kabel, Isolierband und Sicherungen vorhanden sind, kommt es nur auf die Geschicklichkeit des „zum E-Mixer abkommandierten" Crewmitglieds an, einen Fehler im elektrischen Bordsystem zu orten und zu beheben. Einige Worte noch zum Meßgerät: Es ist schwierig, das richtige Gerät für den Bordbetrieb zu finden. Preiswerte Vielfach-Instrumente können in der Regel lediglich die Bordspannung messen. Ihr Strom-Meßbereich reicht oft nur bis zu 1 Ampere. An Bord aber wird ein Strombereich von 30 Ampere mindestens benötigt. So kommt man hier oft mit einem kleinen Einbauinstrument weiter, das man mit Strippen versieht. Vielfach-Instrumente indes lassen sich auf Widerstandsmessung (Ohm-Bereich) umschalten, so daß man mit ihnen auch den Durchgang von Leitungen prüfen kann. Eine Lampe oder ein Summer tut es hier ebenfalls, sofern sie eine eigene Stromversorgung (Monozelle) besitzen.

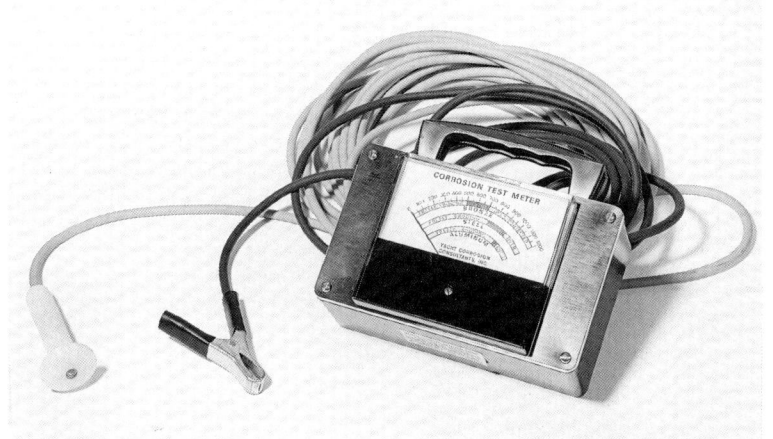

Ein hochohmiges Voltmeter ist auch geeignet, Korrosionsströme zu messen. Dieses spezielle Gerät ist mit einer Sonde ausgerüstet und mißt so Spannungsdifferenzen beispielsweise zwischen Metallrumpf und Wasser.

Störungen im Leitungssystem

Die meisten an Bord vorkommenden Störungen sind Unterbrechungen, zu großer Spannungsverlust und Masseschluß in geerdeten Systemen der Motorelektrik. Als Extremfälle kommen noch der Kurzschluß und die falsche Polung in Gleichstrom-Netzen hinzu. Bis auf die falsche Polung, die nur nach Neuinstallationen vorkommt, ist es nicht besonders schwierig, diese Fehler zu finden, wenn sie permanent auftreten. Kommen sie nur zeitweise und in Abhängigkeit von der Belastung oder bei Schockbeanspruchung im Seegang vor, dann ist ihre Lokalisierung nicht einfach. Im äußersten Fall sollte man sich hier nicht scheuen, ein Kabel oder eine

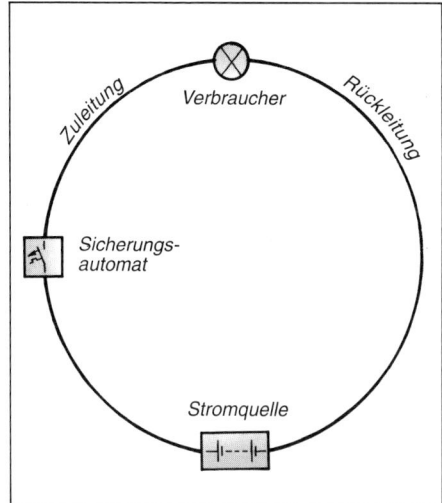

Jede komplizierte Elektrik kann man auf einen einfachen Stromkreis zurückführen. Mit diesem Gedanken im Hinterkopf verliert jede Störungssuche ihren Schrecken, wenn man versucht, jeden Stromkreis zu schließen. Enthalten sein müssen Stromquellen und Verbraucher.

Verdrahtung völlig herauszunehmen und durch neues Material zu ersetzen. Es gibt Störungen, die findet man nie, sei es, daß ein Bootsbauer ein Kabel an nicht einsehbarer Stelle angebohrt oder daß ein nicht längswasserdichtes Kabel Wasser gezogen hat.

Das Prinzip der Störungssuche indes ist simpel, wenn man sich vor Augen hält, daß es sich bei allen angeschlossenen Verbrauchern um Stromkreise handelt. In einem einfachen Stromkreis fließt der Strom von der Spannungsquelle über eine Zuleitung (und einen Sicherungsautomaten) zum Verbraucher, der einen Widerstand besitzt, wo der elektrische Strom eine Arbeit verrichtet, und fließt dann zurück zur Stromquelle. Damit ist der Kreis geschlossen. Oft sind die Kreise noch weiter verzweigt in Haupt- und Nebenschaltungen. Im Prinzip ändert sich jedoch nichts. Wenn man einige elektrische Schaltzeichen kennt und den Stromfluß verfolgt, ist es sehr einfach, auch kompliziert erscheinende Schaltungen zu lesen, sie auf die Bordelektrik zu übertragen und so einen Fehler gezielt nicht nur zu suchen, sondern auch zu finden.

Leitungsunterbrechungen

Unterbrechungen in Leitungen können dauernd, aber auch je nach Beanspruchung kurzzeitig auftreten. Letztere sind meist nicht sofort erkennbar, da sie lediglich zeitweiliges Aussetzen von Geräten verursachen. In erster Linie entstehen Unterbrechungen durch Kontaktkorrosion an Anschlußklemmen, kommen aber auch durch Dauerschwingungsbrüche schlecht befestigter Kabel oder gelöteter Leitungsanschlüsse vor, seltener durch Abreißen oder Durchscheuern.

Als erstes sollten deshalb bei Leitungsunterbrechung auch Klemmenstellung und Anschlüsse in der Schalttafel, in Verteilerdosen und im Gerät

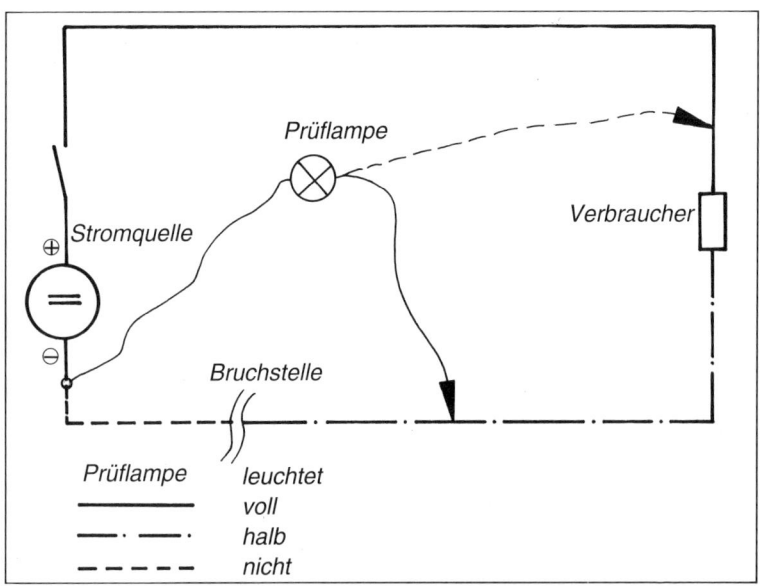

Unterbrechungen entstehen durch Korrosion an Klemmen, durch Abreißen oder Durchscheuern von Kabeln oder durch Leitungsbrüche. Man findet sie mit einer Prüflampe, deren einer Draht an Batterie-Minus liegt. Mit dem anderen Draht prüft man vom Plus der Stromquelle in Richtung Minus alle Klemmen und Anschlüsse. Bis zur Unterbrechung leuchtet die Prüflampe, dahinter nicht mehr.

überprüft werden. Sind die Leitungen durch Schmelzsicherungen abgesichert, sollte man durch Drehen der Sicherungseinsätze ihren Kontakt in den Haltefedern untersuchen. Kontaktspray, in Maßen verwandt, ist hier eine Hilfe. Mit einer Prüflampe lassen sich Unterbrechungen feststellen, indem man eine Leitung der Lampe an Batterie-Minus legt und mit dem anderen „Bein" (das womöglich eine als Nadel ausgebildete Prüfspitze erhält, mit der man die Kabelisolierung durchstechen kann) von der Stromquelle (+) in Richtung Minus (−) alle Klemmen und Anschlüsse prüft und auch Kabel vor und hinter Knickstellen durchsticht. Bis zur Unterbrechung leuchtet die Lampe, dahinter nicht mehr. Zeitweise Unterbrechungen findet man nur, wenn bei eingeschaltetem Verbraucher am Kabel gezogen und gebogen wird.

Spannungsverluste

Sie entstehen durch zu große Übergangs- und Leitungswiderstände. Da sie die Leistung eines Gerätes stark herabsetzen – ein Spannungsverlust von 3 Volt in einem 12-Volt-System beispielsweise vermindert die Leistung bereits um über 40 % – machen sich solche Fehler besonders in Anlagen bemerkbar, die hohen Strombedarf haben. So zieht der Anlasser nicht mehr richtig durch oder – häufiger Fehler – seine Einrück-Spule rastet das Ritzel nicht mehr ein. Die Leistung eines 150-Ampere-Anlassers ist bereits um 40 % reduziert, wenn seine Zuleitung einen Widerstands-Zuwachs von nur 0,02 Ohm erfährt. Aber auch andere Geräte arbeiten nicht mehr einwandfrei. Augenscheinlich bemerkbar wird dieser Fehler an der Beleuchtung, die dann merklich dunkler brennt.

Unter Segel versorgt die Batterie das E-System mit Strom, und die Erzeugerspannung muß zwischen den Batteriepolen gemessen werden, während sie unter Motor, da jetzt der Generator den Strom für die Verbraucher erzeugt, zwischen den Klemmen B+ und Generator-Minus abgenommen werden muß. Den Spannungsverlust überprüft man mit einem Voltmeter. Man erhält den Gesamt-Spannungsabfall, indem man den gemessenen Spannungswert an den Verbraucherklemmen vom gemessenen Wert am Stromerzeuger abzieht. Ist er größer als die vom Germanischen Lloyd geforderten Werte:

185

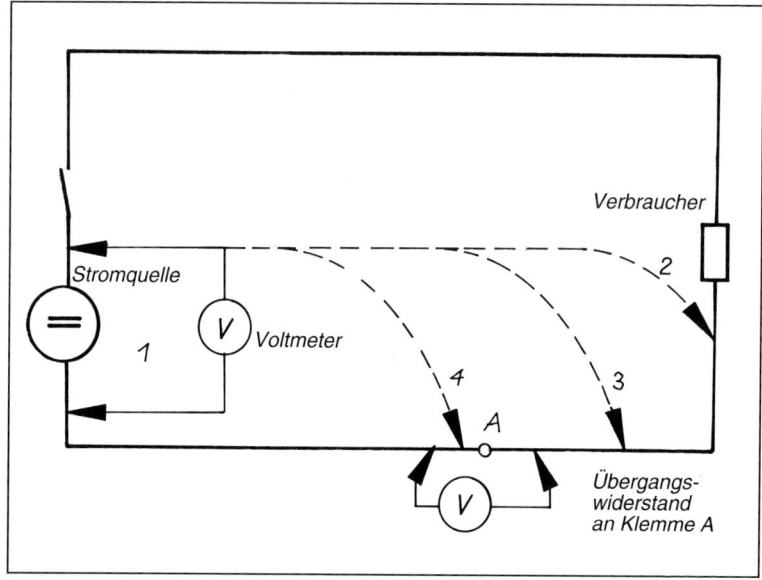

Spannungsverluste entstehen durch große Übergangs- und Leitungswider-stände. Man überprüft sie mit einem Voltmeter: (1) Spannung an der Batterie und am Verbraucher messen, vom Verbraucher in Richtung Batterie, (3) (4) messen, bis die Spannung so groß ist wie an der Batterie. Hier (A) liegt der zu große Über-gangswiderstand. Eine Messung über den vermuteten zu hohen Widerstand zeigt die Spannung aus der Differenz der Batteriespannung und der Spannung am Verbraucher.

2 (5) % = 0,24 (0,6) V/12 V bei Positionslaternen,

4   % = 0,48   V/12 V in der Anlasserleitung,

7   % = 0,84   V/12 V für sonstige Verbraucher,

dann mißt man vom Verbraucher in Richtung Spannungsquelle weiter, bis die gemessene Spannung den Spannungswert der Quelle erreicht. Hier liegt der zu große Übergangs-Widerstand. Eine Messung (mit kleinem Spannungsbereich am Vielfach-Instrument) über dem vermuteten Übergangs-Widerstand zeigt die Größe des Spannungsabfalles, die Differenz aus Erzeuger- und Verbraucherspannung. Diese Messungen nimmt man an allen Klemmen und Übergängen vor, denen man auf Grund von Korrosionserscheinungen, Schmutz und schlechtem Aussehen Übergangs-Widerstände zutraut. Solche Anschlüsse müssen dann auf einwandfreie Funktion gebracht werden. Stellt sich heraus, daß ein Kabel zu dünn bemessen wurde, dann muß es durch eines mit größerem Querschnitt ersetzt oder durch Parallelschalten eines zweiten verstärkt werden. Der Anlasser-Stromkreis mit dem höchsten, wenn auch kurzzeitigen Stromverbrauch sollte im auf Stillstand gebremsten Zustand gemessen werden. Oft lohnt es hier bei zu großem Spannungsverlust, die Starterbatterie näher zum Motor hin einzubauen. Eine Minus-Leitung auch an den geerdeten Anlasser herangeführt, löst ebenfalls in vielen Fällen Spannungsverlust-Probleme. Um dennoch ein ungeerdetes System fahren zu können, sollte auch diese Minus-Leitung ein vom Startschalter gesteuertes Relais bekommen.

Masseschluß
Er tritt in geerdeten Netzen wie der Motorelektrik auf und in hochgelegten (zweipoligen) Systemen auf Metallschiffen. Masseschluß bedeutet, ein Pol der Batterie liegt durch einen Fehler in der Kabelanlage gegen den Rumpf (Masse). Ein solcher Fehler tritt oft erst durch Korrosion an der Außenhaut in Erscheinung. Man findet ihn mit einem Voltmeter (Erdschluß-Überwachung), indem zwischen Batterie-Minus beziehungsweise Batterie-Plus und Bordwand gemessen wird. Eine Prüflampe ist dazu ebenfalls geeignet.
In geerdeten Netzen kann ein Masseschluß einem Kurzschluß gleichkommen, wenn beispielsweise auf dem mit dem Batterie-Minus verbundenen Motorblock eine Plus-Leitung liegt, die durch schadhafte Isolierung eine Verbindung zur Masse hat. In der Regel löst dann der Leitungsschutzschalter oder die Sicherung aus. Einen solchen Dauerkontakt mit der Masse erkennt man, wenn die mit dem Batterie-Plus verbundene Leitung durch kurzes Anschlagen gegen Masse einen Öffnungsfunken zieht. Da die Induktivität einer Leitung mit der Länge zunimmt, wird der Öffnungs-

Für die Durchgangsmessung, der Messung also, ob eine Leitung unterbrochen ist oder nicht, wird ein Gerät mit eigener Stromquelle erforderlich. Den Stromdurchgang zeigt ein akustisches Signal an. Das Gerät besteht aus zwei miteinander verbundenen Prüfspitzen, von denen die eine (größere) Summer und Trockenbatterie enthält. Hier wird eine Lampenfassung auf Masseschluß überprüft.

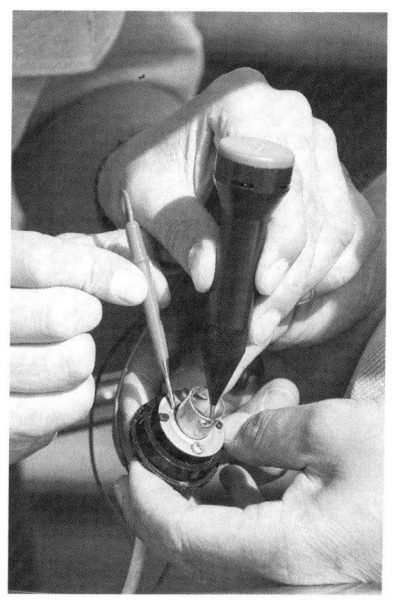

funken größer, je weiter der Masseschluß entfernt ist. Könner sind damit in der Lage den Ort eines Masseschlusses genau festzustellen. Häufiges Auslösen eines Sicherungsautomaten kann auch einen zeitweise auftretenden Masseschluß signalisieren. Allerdings sollte man in diesem Fall erst einmal überprüfen, ob die Leitung nicht durch zusätzliche Verbraucher überlastet ist, da geringfügig höhere Ströme erst nach einiger Zeit diese Auslösung hervorrufen. Um zeitweisen Masseschluß festzustellen, muß man das Kabel wiederum knicken und bewegen.

Kurzschluß

Ihn erkennt man an sofortigem Auslösen der Sicherung. Er ist ja praktisch die widerstandslose Verbindung spannungsführender Leitungen. Der Strom erreicht dabei ein Vielfaches des Betriebsstromes. Beschädigung und Zerstörung von Kabeln und Geräten (Gerätekurzschluß) kann man nur durch ausreichenden Kurzschluß-Schutz (beispielsweise Leitungs-schutzschalter mit unverzögerter magnetischer Auslösung oder spezieller Schmelzsicherung) verhindern.

Falsche Polung

Halbleiter von elektronischen Geräten, Reglern und Generatoren reagieren empfindlich auf ein Verwechseln von Plus und Minus. Ebenfalls ist es für die Batterie schädlich, wenn sie verkehrt gepolt geladen wird. Besonderes Augenmerk ist deshalb auf den richtigen Anschluß von Batterie- und Generatorklemmen zu richten. Bezeichnungen und Farbcode der Adern helfen, solche Fehler zu vermeiden.

Generatorstörungen

Störungsursachen an Stromerzeuger-Anlagen sind in der Regel diffiziler Natur, so daß hier nicht nur Fehler am Generator und Regler, sondern auch solche an Batterien und Leitungssystemen Ursache von Generatorstörungen sein können. Bei der Störungssuche an Drehstrom-Generatoren ist unbedingt darauf zu achten, daß sie nie ohne angeschlossene Batterie betrieben wird. Auch tiefentladene Batterien besitzen oft nicht mehr den glättenden Effekt einer halbwegs geladenen Batterie, die die auftretenden Spannungsspitzen für Halbleiter in Regler und Generator unschädlich macht. Hier ist es vorteilhaft, die Ladung mit einem Ladegerät zu beginnen.

Batteriestörungen

Störungen an diesen beiden wichtigen Stromerzeugern an Bord einer Yacht sind zum Teil Gerätestörungen, liegen jedoch auch an falscher Behandlung der Geräte. An Batterien machen sie sich hauptsächlich

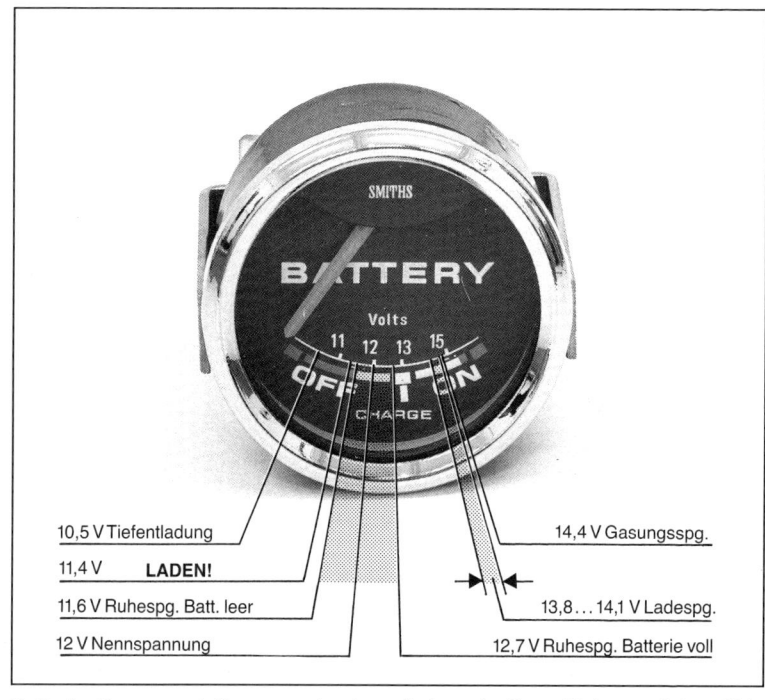

10,5 V Tiefentladung

11,4 V   **LADEN!**

11,6 V Ruhespg. Batt. leer

12 V Nennspannung

14,4 V Gasungsspg.

13,8 ... 14,1 V Ladespg.

12,7 V Ruhespg. Batterie voll

Batteriestörungen stellt man am besten mit einem in dieser Weise geeichten Voltmeter fest. Die aufgeführten Spannungen haben jede für sich eine bestimmte Aussage: Je genauer die Skala, desto besser die Diagnose.

beim Starten bemerkbar, da ihnen hier der höchste Strom abverlangt wird. Störungen an kapazitiv belasteten Batterien bemerkt man am ehesten, wenn alle Verbraucher eingeschaltet werden, ihnen also der maximale Strom entnommen wird.

Störungen an Stromerzeuger-Systemen haben denn auch in der Regel ihre Ursache in der Ladung. Eine Überprüfung der Batterieladung gibt Aufschluß darüber. Bei der Bleibatterie läßt die Säuredichte die beste

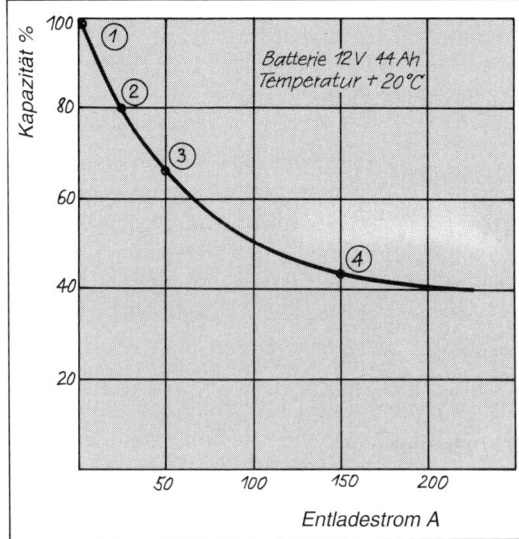

Der Inhalt einer Batterie, also ihre Kapazität, ist abhängig vom Entladestrom. Punkt 1 gibt den 20stündigen Entladestrom an, Punkt 2 einen normalen, und 3 einen hohen Stromverbrauch an, während Punkt 4 den Stromverbrauch beim Starten anzeigt. Mit diesen Werten kann man Schlüsse auf die Güte einer Batterie ziehen.

Bewertung über den Zustand einer Batterie zu. Ein Aräometer zum Messen der Dichte ist aber nur bei Batterien sinnvoll, deren Verschlußstopfen noch abschraubbar sind. Ist das nicht der Fall, wie etwa bei den sogenannten wartungsfreien Batterien, oder ist der Zugang zur Batterie umständlich, dann muß eine Prüfung mit einem Volt- und Amperemeter genügen. Zunächst mißt man die Ruhespannung (12,72 Volt). Allerdings gibt die Messung der Arbeitsspannung unter Belastung mehr Aufschluß, da sie auch etwas aussagt über die Alterung der Batterie. Durch den veränderlichen Innenwiderstand sinkt die Spannung an den Polen unter Belastung ab, um so mehr, je geringer die Säuredichte ist. Auch der Zustand der Platten spielt eine Rolle dabei: Batterieplatten mit verringertem Bleischwamm beziehungsweise Bleidioxid erhöhen den Innenwiderstand. Um das beurteilen zu können, errechnet man sich einige Werte speziell für das eigene Bordnetz.

Das Diagramm auf Seite 191 zeigt, wie man aus dem Spannungsabfall die in der Batterie vorhandene Ladung erkennen kann. Zuerst wird der Ladevorgang unterbrochen, dann schaltet man einige Verbraucher ein und beobachtet die Spannung. Für eine Rechnung ist das Verhältnis von Stromentnahme I_E zur Batteriekapazität C_B wichtig. Ein Beispiel macht das klarer: Angenommen, die Stromentnahme wäre 1 Ampere bei einer Kapazität von 100 Amperestunden (Stromentnahme = 100 % der Batteriekapazität) und die Batteriespannung würde dabei auf 11,7 Volt absinken, so signalisiert das eine noch vorhandene Ladung von ungefähr 60 %. In diesem Fall wäre die Batteriekapazität noch 60 Amperestunden. Eine solche Messung dauert etwa 2 Minuten. Wie schon erwähnt, ist es sinnvoll, solche Ergebnisse ins Logbuch einzutragen. Voraussetzung für eine hohe Lebenserwartung einer Batterie ist die Beachtung ihrer Betriebsanleitung, insbesondere aber ein immer guter Ladezustand und der Schutz vor extremen Temperaturen und mechanischer Beschädigung, etwa hervorgerufen durch Erschütterungen.

Ständiges Überladen und längeres Stehenlassen in entladenem Zustand, wie auch Tiefentladungen wirken sich nachteilig auf die Lebensdauer aus. Hier besteht die Gefahr einer Sulfation: Es entsteht grobkristallines Bleisulfat, das sich nicht mehr zurückbilden läßt. So ist das Einwintern denn auch kein Problem, wenn die Batterie voll ist: Nach dem Ausbauen mit dem Ladegerät noch einmal kräftig geladen, übersteht sie die gesamte segellose Saison ohne Schaden und besitzt im Frühjahr oft sogar noch genügend Energie für den ersten Start. Dann aber sollte sie sofort sorgfältig nachgeladen werden.

Stichwortverzeichnis

Die **YACHT-BÜCHEREI** ist die preiswerte Bibliothek für eingehendes Fachwissen auf vielerlei Spezialgebieten. Diese Bände sind lieferbar:

Die Bibliothek wird laufend erweitert. Fragen Sie bitte Ihren Buchhändler, und beachten Sie unsere Ankündigungen.

**Delius Klasing
Verlag**